EDITORA DO CONHECIMENTO

Auxiliando a humanidade a encontrar a Verdade

Contos Assombrosos

Contos Assombrosos

Nightmare Tales

H. P. BLAVATSKY

Todos os direitos desta edição reservados à
CONHECIMENTO EDITORIAL LTDA.
Rua Prof. Paulo Chaves, 276 – Vila Teixeira Marques
CEP 13485-150 — Limeira — SP
Fone/Fax: 19 3451-5440
www.edconhecimento.com.br
vendas@edconhecimento.com.br

Tradução: Edilson Almeida Pedrosa

Projeto gráfico: Sérgio Carvalho
Ilustração da capa: Banco de imagens

ISBN 978-65-5727-105-6
1ª Edição – 2021

• Impresso no Brasil • Presita en Brazilo

Produzido no departamento gráfico da
Conhecimento Editorial Ltda
grafica@edconhecimento.com.br

Dados Internacionais de Catalogação na Publicação (CIP)
Angélica Ilacqua CRB-8/7057

Blavatsky, Helena Petrovna, 1831-1891
Contos Assombrosos / Helena Petrovna Blavatsky — tradução de Edilson Almeida Pedrosa – 1ª ed. – Limeira, SP : Editora do Conhecimento, 2021.
154 p. (Teosofia: A força da Verdade)

ISBN 978-65-5727-105-6

Título original: ***Nightmare Tales***

1. Contos russos 2.Teosofia I. Título II. Pedrosa, Edilson Almeida III. Série

21-3010 CDD – 891.73

Índices para catálogo sistemático:
1. Contos russos

Helena Petrovna Blavatsky

Contos Assombrosos

1ª edição
2021

EDITORA DO
CONHECIMENTO

Sumário

Prefácio	7
Uma vida enfeitiçada	9
A caverna dos ecos	61
O escudo luminoso	72
Das terras polares	82
O violino dotado de alma	87
Os "espíritos" vampiros	117

Prefácio

O mundo conhece HPB principalmente por seu conhecimento enciclopédico, seus poderes ocultos e a sua coragem única. Este livrinho, composto de histórias produzidas por ela em seus momentos mais descontraídos, mostra-a como uma escritora espirituosa, dotada de imaginação brilhante. O estudante terá vislumbres da realidade sob o disfarce da fantasia e saberá que apenas a mão de um ocultista poderia ter dado certos toques às imagens retratadas.

The Nightmare Tales foram reescritos durante os últimos meses da dolorosa vida da autora: quando cansada com a labuta enfadonha do *Glossário Teosófico*, ela, que não podia ficar ociosa, voltou-se para este trabalho mais leve e encontrou nele diversão e relaxamento. Seus amigos de todas as partes do mundo darão as boas-vindas a este exemplo tão raro de utilização de dons em meio a tensão do trabalho mais duro.

Annie Besant

Uma vida enfeitiçada

(Conforme narrado por uma caneta de pena)

Introdução

Era uma noite escura e fria de setembro de 1884. Uma densa névoa havia tomado conta das ruas de A..., uma pequena cidade no Reno, e descia como um manto funerário preto sobre o opaco burgo operário. O maioria de seus habitantes, cansados pelo longo dia de trabalho, tinha se retirado horas antes para esticar os membros cansados e deitar as suas cabeças doloridas nos travesseiros. Tudo estava tranquilo na casa grande; tudo era quieto nas ruas desertas.Parte inferior do formulário

Eu também repousava na minha cama; infelizmente, não para descansar, mas em virtude de dor e doença que me retinha há vários dias. Tudo estava tão imóvel na casa que, como diz *Longfellow*, ouvia-se o próprio silêncio. Eu podia escutar claramente o murmúrio do sangue enquanto corria pelo meu corpo dolorido, produzindo aquele canto monótono tão familiar a quem presta atenção ao silêncio. Eu escutei-o até que, em minha nervosa imaginação, ele se transformou no som de uma catarata distante, a queda de imensas águas... quando, de repente, mudando seu caráter, o "canto" crescente se fundiu com outros sons muito mais bem-vindos. Era o sussurro de uma voz humana baixa, a princípio escassamente audível. Aproximou-se e fortalecendo-se gradualmente pareceu falar ao meu ouvido. Assim, soa uma voz falando através de um quiescente lago azul, em um daqueles desfiladeiros maravilhosamente acústicos das montanhas cobertas de neve, onde o ar é tão puro que uma palavra pronunciada a meia milha parece sair por um tubo acústico. Sim; era a voz de alguém que eu conhecia e reverenciava; de alguém que, para mim, devido a muitas associações místicas, era muito querido e santo; uma voz familiar por longos anos e sempre bem-vinda, ainda mais em horas de sofrimento mental ou físico, pois sempre traz consigo um raio de esperança e consolo.

"Coragem", sussurrou em tons suaves e gentis. "Pense nos dias passados por você em doces associações; nas grandes lições recebidas sobre as verdades da natureza; nos muitos erros humanos a respeito destas verdades; e tente adicionar-lhes a experiência de uma noite nesta cidade. Deixe a narrativa de uma vida estranha, que lhe interessará, ajudar a encurtar as horas de sofrimento... Dê sua atenção. Olhe para lá diante de você!

"Lá" significava janelas grandes e claras de uma casa vazia do outro lado da rua estreita da cidade alemã. Eles faceavam as minhas quase uma linha reta do outro lado da rua, e minha cama estava de frente das janelas do meu quarto de dormir. Obediente à sugestão, dirigi meu olhar para elas, e o que vi me fez esquecer, por algum tempo, a agonia da dor que atormentava meu braço inchado e o corpo reumático.

Sobre as janelas se arrastava uma névoa. Uma névoa densa, pesada, serpenteante e esbranquiçada que parecia a enorme sombra de uma jiboia gigantesca desenrolando lentamente o seu corpo. Aos poucos, ela desapareceu, deixando uma luz brilhante, suave e prateada, como se as vidraças da janela refletissem mil raios da Lua, um céu tropical estrelado — primeiro de fora, depois de dentro dos cômodos vazios. Em seguida, vi a névoa se alongando e lançando, por assim dizer, uma ponte de fadas do outro lado da rua, das janelas enfeitiçadas para minha própria varanda, ou melhor, para a minha própria cama. Enquanto eu continuava olhando, a parede, as janelas e a casa oposta desapareceram subitamente. O espaço ocupado pelos cômodos vazios havia se transformado no interior de outro cômodo menor no que eu sabia ser um chalé suíço — num escritório, cujas antigas paredes escuras estavam cobertas do chão ao teto com prateleiras de livros, manuscritos e decorações arcaicos, bem como trabalhos de data mais recente. No centro, havia uma grande mesa antiquada, cheia de manuscritos e materiais de escrita. Diante dela, caneta de pena na mão, sentou-se um velho; uma personagem de aparência sombria, esquelética, com o rosto tão magro, tão pálido, amarelo e emaciado que a luz da pequena lâmpada solitária de estudo se refletia em duas manchas brilhantes nas maçãs salientes do rosto, como se fossem esculpidas no marfim.

Enquanto tentava obter uma visão melhor dele, levantando-me lentamente sobre os travesseiros, a cena inteira, moradia e escritório, escrivaninha, livros e o escriba pareciam tremer e se mexer. Uma vez postos em movimento, eles se aproximaram mais e mais, até que, deslizando silenciosamente pela ponte de nuvens que atravessa a rua, flutuaram até o meu quarto atravessaram as janelas fechadas e acomodaram-se finalmente ao lado da minha cama.

"Ouça o que ele pensa e vai escrever" — disse em tom suave a mesma voz familiar, distante e ao mesmo tempo próxima. "Assim, você ouvirá uma narrativa, cujo conteúdo pode ajudar você a encurtar as longas horas sem dormir e, até mesmo, fazer você esquecer por um momento a sua dor... Experimente!" — acrescentou, usando a fórmula rosacruciana e cabalística bem conhecida.

Eu tentei, como se fosse uma aposta. Concentrei toda a minha atenção na solitária figura laboriosa que vi diante de mim, mas que não me via. A princípio, o barulho da pena com a qual o velho estava escrevendo sugeriu à minha mente nada mais do que um baixo murmúrio de natureza indefinida. Então, gradualmente, meu ouvido captou palavras indistintas de uma voz fraca e distante, e eu pensei que a figura diante de mim, curvada sobre o manuscrito, estivesse lendo a história em voz alta, em vez de escrevê-la. Mas logo descobri meu erro. Ao lançar meu olhar no rosto do velho escriba, vi de relance que seus lábios estavam comprimidos e imóveis, e a voz era muito fina e estridente para ser a sua. Ainda mais estranho, em cada palavra traçada pela mão fraca e envelhecida, notei uma luz piscando debaixo de sua caneta, uma faísca colorida brilhante que se tornou instantaneamente um som ou, o que é a mesma coisa, pareceu fazê-lo para minhas percepções internas. Era de fato a pequena voz da pena que ouvi, emborao escriba e a caneta estivessem, na época, por acaso, a centenas de quilômetros de distância da Alemanha. Essas coisas acontecem ocasionalmente, especialmente à noite, sob cuja sombra estrelada, como nos diz Byron, "(...) nós aprendemos a língua de outro mundo..."

Seja como for, as palavras proferidas pela pena permaneceram em minha memória por muito tempo. Tampouco tive muita dificuldade em retê-las, pois quando me sentei para registrar a história, encontrei-a, como de costume, indelevelmente impressa nas tábuas astrais diante de meu olho interno.

Assim, eu tive apenas que a copiar e, então, repassá-la tal como recebi. Eu não consegui aprender o nome do desconhecido escritor noturno. No entanto, embora o leitor possa preferir considerar toda a história como uma solução para a ocasião, um sonho, talvez, ainda assim seus incidentes, espero, não sejam nada menos interessantes.

A história do estranho

Nasci numa pequena aldeia nas montanhas, um aglomerado de chalés suíços, escondido em um recanto ensolarado, entre dois imponentes glaciares e um pico coberto de neves eternas. Lá, trinta e sete anos atrás, voltei — aleijado mental e fisicamente — para morrer, o dia da minha libertação. O ar puro e revigorante do meu local de nascimento decidiu o contrário. Ainda estou vivo; talvez com o propósito de fornecer provas para fatos que eu mantive profundamente secreto — um conto de horror que prefiro esconder a ter que revelar. A razão para essa falta de vontade de minha parte se deve à minha educação precoce e aos eventos subsequentes que desmentiram meus preconceitos mais acalentados. Algumas pessoas podem estar inclinadas a considerar esses eventos como providenciais: eu, no entanto, não acredito em nenhuma Providência, e ainda assim sou incapaz de atribuí-los ao mero acaso. Eu os conecto como a evolução incessante de efeitos, engendrados por certas causas diretas com uma causa primária e fundamental, da qual surgiu tudo o que se seguiu. Um homem velho e frágil sou eu agora, mas a fraqueza física de modo algum prejudicou minhas faculdades mentais. Lembro-me dos menores detalhes daquela causa terrível que gerou os meus males posteriores. São eles que me dão mais uma prova da existência real de alguém que eu venero — oh, que eu pudesse fazê-lo! — como uma criatura nascida da minha fantasia, a produção evanescente de um sonho febril e horrível! Oh, que terrível, suave e indulgente esse ser santo e respeitado! Foi esse modelo de todas as virtudes que amargurou a minha existência. É ele que, empurrando-me violentamente para fora da monótona, mas segura, rotina da vida vulgar, foi o primeiro a me impor a certeza de uma vida futura, acrescentando assim um horror adicional a um já suficientemente grande.

Tendo em vista uma compreensão mais clara da situação, devo interromper essas lembranças com algumas palavras sobre mim mesmo. Ah, se eu pudesse, como eu destruiria aquele eu odiado!

Nascido na Suíça, de pais franceses, que centralizou toda a sabedoria do mundo na trindade literária de *Voltaire*, *J. J. Rousseau* e *D'Holbach* e estudou em uma universidade alemã, cresci como um completo materialista, um ateu convicto. Eu nunca poderia sequer ter imaginado por mim mesmo quaisquer seres, muito menos um ser acima ou mesmo fora da natureza visível e distinto dela. Porquanto eu considerava tudo o que não podia ser submetido à mais estrita análise dos sentidos físicos como uma mera quimera. Uma alma, argumentei, mesmo supondo que o homem tenha uma, deve ser material. Segundo a definição de *Orígenes*, o *incorporeus* — o epíteto que ele deu ao seu Deus — significa uma substância só que mais sutil que a dos corpos físicos, da qual, na melhor das hipóteses, não podemos formar uma ideia definida. Como se pode, então, obter qualquer conhecimento claro disso se os nossos sentidos não estão capacitados, como isso pode se tornar visível ou produzir quaisquer manifestações tangíveis?

Dessa forma, sempre encarei o espiritismo nascente com um sentimento de total desprezo, e considerei as insinuações religiosas de certos sacerdotes com escárnio, frequentemente semelhante à raiva. E, de fato, o último sentimento nunca me abandonou completamente.

Pascal, no oitavo ato de seu *Pensamentos*, confessa a mais completa incerteza sobre a existência de Deus. Ao longo da minha vida, eu também professei uma certeza absoluta quanto à não existência de qualquer ser extracósmico, e repeti com aquele grande pensador as palavras memoráveis nas quais ele nos diz:

> Eu tenho examinado se esse Deus de quem todo o mundo fala poderia não ter deixado alguns vestígios de si mesmo. Eu olho em todos os lugares, e em todo lugar não vejo nada além de obscuridade. A natureza não me oferece nada além de dúvida e inquietude.

Nem eu encontrei até hoje qualquer coisa que possa inquietar os meus sentimentos precisamente semelhantes e ainda mais fortes. Eu nunca acreditei, nem jamais crerei, em um Ser Supremo. Mas nas potencialidades do homem, proclamadas por toda parte no Oriente, poderes tanto mais desenvolvidos em algumas pessoas a ponto de torná-las virtualmente deuses, delas não me rio mais. A minha vida inteira despedaçada é um protesto contra essa negação. Eu acredito em tais fenômenos, e — eu os amaldiçoo, sempre que eles vêm, e por qualquer meio gerado.

Com a morte de meus pais, devido a demandas judiciais malsucedidas, perdi a maior parte de minha fortuna e resolvi enriquecer novamente, – antes para o bem daqueles a quem mais amava do que propriamente para mim. Minha irmã mais velha, a quem eu adorava, havia se casado com um homem pobre. Aceitei a oferta de uma próspera empresa de Hamburgo e parti para o Japão como sócio minoritário.

Vários anos se passaram, e durante todo esse período não me curei do ceticismo nem nunca pensei em alterar minhas opiniões sobre esse assunto. Eu ridicularizava as pretensões dos bonzos e ascetas japoneses, tal como fazia com a dos sacerdotes cristãos e dos espíritas europeus. Eu não podia acreditar na aquisição de poderes desconhecidos e nunca estudados por homens da ciência; daí porque eu zombava de todas essas ideias. O budista supersticioso e mal-humorado, ensinando-nos a evitar os prazeres da vida, pôr de lado as paixões, tornar-nos insensíveis à felicidade e ao sofrimento, a fim de adquirir tais poderes quiméricos — parecia extremamente ridículo aos meus olhos.

Em um dia memorável para mim, — um dia fatal -, conheci um venerável e instruído bonzo, um sacerdote japonês chamado *Tamoora Hideyeri*. Eu o conheci ao pé do dourado Kwon-On e, a partir daquele momento, ele se tornou meu melhor e mais confiável amigo. Apesar de minha grande e genuína consideração por ele, eu nunca deixava, no entanto, de zombar de suas convicções religiosas sempre que uma boa oportunidade se oferecia, ferindo, assim, muitas vezes, os seus sentimentos.

Mas meu velho amigo era tão manso e misericordioso quanto poderia desejar qualquer coração verdadeiro de budista. Ele nunca se ressentiu de meus sarcasmos impacientes, mesmo quando eram, para dizer o mínimo, impróprios e, geralmente, limitava as suas respostas a frases do tipo "espere para ver". Nem poderia ele ser levado a acreditar seriamente na sinceridade da minha negação da existência de qualquer Deus ou deuses. O pleno significado dos termos "ateísmo" e "ceticismo" estava além da compreensão de sua mente extremamente intelectual e aguda. Como certos cristãos reverentes, ele parecia incapaz de perceber que qualquer homem de bom senso deveria preferir as sábias conclusões da filosofia e da ciência moderna a uma crença ridícula num mundo invisível cheio de deuses e espíritos, *djins* e demônios. "O homem é um ser espiritual", insistia ele, "que retorna à Terra mais de uma vez e é recompensado ou punido nos períodos intermediários". A proposição de que o homem nada mais é do que uma pilha de poeira organizada estava fora de seu alcance. Como *Jeremy Collier*, ele se recusava a admitir que não era melhor do que "uma máquina ambulante, uma cabeça falante sem alma", cujos "pensamentos" estão limitados pelas leis do movimento. "Pois ", argumentou ele, "se minhas ações fossem, como você diz, prescritas de antemão, e eu não tivesse mais liberdade ou livre arbítrio para mudar o curso da minha ação do que as águas correntes do rio, então a gloriosa doutrina do carma, do mérito e do demérito, seria de fato uma tolice."

Assim, toda a ontologia do meu amigo hipermetafísico repousava sobre a instável estrutura da metempsicose, de uma imaginada lei de retribuição "justa" e de outros sonhos igualmente absurdos.

"Nós não podemos", disse ele paradoxalmente um dia, "esperar viver daqui em diante no pleno desfrute de nossa consciência, a menos que tenhamos construído para ela de antemão uma fundação firme e sólida de espiritualidade ... Não, não ria, amigo, de nenhuma fé, implorou humildemente, "mas pense e reflita sobre isso: alguém que nunca tenha aprendido a viver em espírito durante sua vida consciente e responsável na Terra poderá dificilmente esperar uma existência senciente após a morte, quando, privado de seu corpo, estará limitado somente àquele espírito."

"O que você quer dizer com a vida no espírito?" — perguntei.

"Vida em um plano espiritual; aquilo que os budistas chamam de *tushita devaloka* (paraíso). O homem pode criar uma existência venturosa para si mesmo entre dois nascimentos, pela transferência gradual para aquele plano de todas as faculdades que durante sua jornada na Terra se manifestam através de seu corpo orgânico e, como você chama, cérebro animal."

"Que absurdo! E como o homem pode fazer isso?"

"Contemplação e um forte desejo de assimilar, os deuses abençoados permitirão que ele faça isso."

"E se o homem recusa essa ocupação intelectual, com a qual você quer dizer, suponho, a fixação dos olhos na ponta do nariz, o que acontecerá com ele depois da morte de seu corpo?" foi minha indagação zombeteira.

"Ele será tratado de acordo com o estado prevalecente de sua consciência, que existem em muitos graus. Na melhor das hipóteses — renascimento imediato; na pior — o estado de *avitchi*, um inferno mental. No entanto, não é necessário ser um asceta para assimilar a vida espiritual que se estenderá ao futuro. Tudo o que é necessário é tentar se aproximar do espírito."

"Como assim? Mesmo quando descrendo nele?" — Eu me repliquei.

"Mesmo assim! Pode-se descrer e ainda abrigar secretamente um espaço para a dúvida, por menor que seja o espaço, e assim tentar um dia, nem que seja por um momento, abrir a porta do templo interior; e isso se provará suficiente para o propósito."

"Você é decididamente um poeta e paradoxal, para começar, reverendo senhor. Por favor, explique-me um pouco mais do mistério?"

"Não há nenhum. Ainda estou disposto. Suponha por um momento que algum templo desconhecido, ao qual você nunca tinha ido antes e cuja existência você acha que tem razões para negar, seja o 'plano espiritual' do qual estou falando. Alguém lhe pega pela mão e o leva até a sua entrada, a curiosidade faz com que você abra a porta e olhe para dentro. Por esse ato simples, ao entrar nele por um segundo, você estabeleceu uma conexão eterna entre a sua consciência e o templo. Você não pode mais negar a sua existência nem obliterar o fato de ter entrado nele e, de acordo com o caráter e a variedade de seu trabalho dentro de seus santos recintos, você também viverá nele depois que a sua consciência for separada de sua morada de carne."

"O que você quer dizer? E o que minha consciência pós-morte — se é que existe tal coisa — faz com o templo?"

"Tem tudo a ver com isso", solenemente se reconectou ao velho homem. "Não pode haver autoconsciência após a morte fora do templo do espírito. Aquilo que você tenha feito no seu plano sobreviverá sozinho. Todo o resto é falso e uma ilusão. Está condenado a perecer no oceano de *maya*."

Divertido com a ideia de viver fora do corpo, pedi ao meu velho amigo que me contasse mais. Confundindo o que eu quis dizer, o venerável senhor aceitou de bom grado.

Tamoora Hideyeri pertencia ao grande templo de Tzionene, um mosteiro budista, famoso não só no Japão, mas também no Tibete e na China. Nenhum outro é tão venerado em

Kioto. Seus monges pertencem à seita de Dzeno-doo e são considerados os mais instruídos entre as muitas fraternidades eruditas. Eles são, além disso, intimamente relacionados aos *yamabooshi* (os ascetas, ou eremitas) e deles aliados, que seguem as doutrinas de Lao-tsé. Não é de admirar que, à menor provocação da minha parte, o sacerdote tenha voado para a mais alta metafísica, esperando com isso me curar da minha falta de fé.

Não adianta repetir aqui a longa ladainha da mais irremediavelmente envolvida e incompreensível de todas as doutrinas. De acordo com suas ideias, temos que nos treinar para a espiritualidade em outro mundo — como na ginástica. Continuando a analogia entre o templo e o "plano espiritual", ele tentou ilustrar a sua ideia. Ele próprio trabalhara no templo do espírito dois terços de sua vida e dedicou várias horas diárias à "contemplação". Assim ele sabia (!?) que depois de ter deixado de lado sua casca mortal, "uma mera ilusão", ele explicou, — ele iria em sua consciência espiritual reviver todos os sentimentos de alegria enobrecedora e felicidade divina que já teve, ou deveria ter tido — apenas cem vezes mais intensificados. Seu trabalho no plano espiritual tinha sido considerável, ele disse, e esperava, portanto, que o salário do trabalhador se mostrasse proporcional.

"Mas suponha que o operário, como no exemplo que você acabou de apresentar do meu caso, não tenha mais do que ter aberto a porta do templo por mera curiosidade; só espiou no santuário para nunca mais colocar o pé nele. O que acontecerá então?"

"Então", ele respondeu, "você teria apenas esse curto minuto para registrar em sua futura autoconsciência e nada mais. Nossa vida daqui por diante registra e repete apenas as impressões e os sentimentos que tivemos em nossas experiências espirituais e nada mais. Se, em vez de reverência, no momento de entrar na morada do espírito, você estivesse abrigando em seu coração a raiva, o ciúme ou o pesar, então a sua futura vida espiritual seria triste na verdade. Não haveria nada para registrar, salvo a abertura de uma porta em um ataque de mau humor."

"Como então poderia ser repetido?" — eu insisti, muito divertido. "O que você acha que eu estaria fazendo antes de encarnar novamente?"

"Nesse caso", ele disse, falando devagar e pesando cada palavra — "nesse caso, você teria apenas que, eu receio, abrir e fechar a porta do templo repetidamente, durante um período que, embora curto, pareceria para você uma eternidade."

Esse tipo de ocupação pós-morte me pareceu, naquela época, tão grotesco em seu sublime absurdo, que fui tomado de uma risada quase inextinguível.

Meu venerável amigo pareceu consideravelmente desanimado com o resultado de sua instrução metafísica. Ele evidentemente não esperava tal hilaridade. No entanto, ele não disse nada, mas apenas suspirou e olhou para mim com a maior benevolência e pena brilhando em seus pequenos olhos negros.

"Por favor, perdoe minha risada", eu me desculpei. "Mas, realmente, agora, você não pode querer dizer seriamente que o 'estado espiritual' que você defende e acredita tão firmemente, consiste apenas em imitar certas coisas que fazemos na vida?"

"Não, não; não imitando, mas apenas intensificando a sua repetição; preenchendo as lacunas que foram injustamente deixadas vazias durante a vida na fruição de nossos atos e obras, e de tudo realizado no plano espiritual de um estado real. O que eu disse era uma ilustração e, sem dúvida, para você que parece ignorar inteiramente os mistérios da visão da alma não é muito inteligível. O culpado fui eu mesmo... O que eu tentei passar para você era que, como o estado espiritual de nossa consciência liberada do corpo é apenas o de fruição de todo ato espiritual realizado durante a vida, onde um ato que tenha sido estéril não produz resultados esperados – além da repetição daquele ato em si. Isso é tudo. Eu rezo para que você possa ser poupado de tais ações infrutíferas e que finalmente possa enxergar certas verdades." E passando pelas costumeiras cortesias japonesas de se despedir, o excelente homem partiu.

Infelizmente, ai de mim! se eu soubesse na época o que

aprendi desde então, quão pouco teria rido e quanto mais eu teria aprendido!

Mas, a questão permaneceu. Quanto mais carinho pessoal e respeito eu sentia por ele, menos eu poderia me reconciliar com suas ideias malucas sobre uma vida após a morte e, especialmente, com a aquisição por alguns de poderes humanos sobrenaturais. Eu me senti particularmente aborrecido com sua reverência aos *yamabooshi*, os aliados de toda seita budista na Terra. Suas apelações ao "milagroso" eram simplesmente execráveis na minha concepção. Ouvir cada japonês que conheci em Kioto, até mesmo meu próprio parceiro, o mais astuto de todos os homens de negócios com quem eu havia encontrado no Oriente, mencionando esses seguidores de Lao-Tze com os olhos abaixados, mãos postas em reverência e afirmações de que são possuidores de "grandes" e "maravilhosos" dons, era mais do que eu estava disposto a tolerar pacientemente naqueles dias. E quem eram eles afinal de contas, esses grandes magos com suas ridículas pretensões ao conhecimento supermundano; esses "mendigos sagrados" que, como eu pensava, moravam intencionalmente nos recessos de montanhas não frequentadas e em escarpas íngremes inacessíveis, de modo a melhor não dar oportunidade a intrusos curiosos de encontrá-los e observá-los em seus próprios esconderijos? Simplesmente, adivinhos imprudentes, ciganos japoneses que vendem encantos e talismãs, e nada melhor. Em resposta àqueles que procuravam assegurar-me que embora os *yamabooshi* levem uma vida misteriosa, não admitindo acesso de nenhum profano aos seus segredos, eles ainda aceitam alunos, por mais difícil que seja um deles se tornar seu discípulo, e que assim têm que viver dando testemunho da grande pureza e santidade de suas vidas, em resposta a tais afirmações, opunha a negação mais forte e permanecia firme nela. Eu insultei tanto os mestres quanto os discípulos, classificando-os sob a mesma categoria de tolos, quando não de patifes, e fui tão longe a ponto de inclui-los entre o número de xintoístas. Agora, o xintoísmo, ou *sin-syu*, a "fé nos deuses e no caminho para os deuses", isto é, a crença na comunicação entre essas criaturas e os homens, é uma espécie de adoração dos espíritos da natureza, a qual nada pode ser mais miseravelmente absurdo. E colocando os xintoístas entre os tolos e os patifes de outras seitas, angariei muitos inimigos. Pois os 'xintoístas *kanusi*' (mestres espirituais) são considerados os mais altos nas classes superiores da sociedade, estando o próprio *Mikado*, à frente de sua hierarquia, e os membros da seita entre os homens mais cultos e instruídos do Japão. Estes *kanusis* do xintoísmo não formam casta ou classe à parte, nem passam por nenhuma ordenação — pelo menos, nenhuma conhecida por pessoas de fora. E como não reivindicam publicamente nenhum privilégio ou poderes especiais, mesmo que suas vestimentas não sejam de modo algum diferentes das dos leigos, são simplesmente, na opinião do mundo, professores e estudantes de ciências ocultas e espirituais; eu muitas vezes entrei em contato com eles sem ao menos suspeitar que eu estava na presença de tais personagens.

O visitante misterioso

Anos se passaram; e com o passar do tempo, meu ceticismo inarredável ficou mais forte e se tornou mais intenso a cada dia. Já mencionei uma irmã mais velha e muito querida, minha única parente sobrevivente. Ela se casara e tinha ido morar recentemente em Nuremberg. Eu a considerava com sentimentos mais filiais do que fraternos, e os seus filhos eram tão queridos para mim quanto poderiam ter sido meus próprios. Na época da grande catástrofe que, em poucos dias, fez meu pai perder sua grande fortuna, e minha mãe partir seu coração, ela era minha doce irmã mais velha, que se fizera por vontade própria o anjo da guarda da nossa família arruinada. Por seu grande amor por mim, seu irmão mais novo, ela tentou substituir os professores que não podiam mais ser oferecidos, renunciando à sua própria felicidade. Ela se sacrificou e ao homem a quem amava, adiando indefinidamente o casamento deles, a fim de ajudar meu pai e principalmente a mim por sua devoção indivisa. E, oh, como eu a amei e reverenciei, o tempo mais fortalece essa primeira afeição familiar! Aqueles que sustentam que nenhum ateu, como tal, pode ser um amigo verdadeiro, um parente afetuoso ou um sujeito leal, proferem — seja consciente ou inconscientemente — a maior calúnia e mentira. Dizer que um materialista cresce de coração duro à medida que envelhece, que não pode amar como faz um crente é simplesmente a maior falácia.

Pode haver tais casos excepcionais, é verdade, mas esses são encontrados apenas ocasionalmente em homens que são ainda mais egoístas do que céticos, ou vulgarmente mundanos. Mas quando um homem que está gentilmente disposto em sua natureza, não por motivos egoístas, mas pela causa da razão e do amor à verdade, torna-se o que é chamado ateísta, ele está fortalecido apenas em seus afetos familiares e em suas simpatias com seus semelhantes. Todas as suas emoções, todas as aspirações ardentes para o invisível e inalcançável, todo o amor que ele teria inutilmente concedido a um suposto céu e a seu Deus, tornam-se agora centrados com dez vezes mais força sobre seus entes queridos e a humanidade. De fato, só o coração do ateu -

... pode saber,
Que marés secretas de prazer ainda fluem
Quando os irmãos amam...

Foi esse amor fraterno e santo que me levou a sacrificar meu conforto e meu bem-estar pessoal para assegurar sua felicidade, a felicidade dela que tinha sido mais do que uma mãe para mim. Eu era um mero jovem quando saí de casa para Hamburgo. Lá, trabalhando com a seriedade desesperada de um homem que tem apenas um objetivo nobre em vista — aliviar o sofrimento e ajudar aqueles a quem ama — eu logo assegurei a confiança de meus empregadores, que me elevaram, em consequência, ao alto cargo de confiança que sempre gostei. Meu primeiro verdadeiro prazer e recompensa na vida foi ver minha irmã casada com o homem que ela havia sacrificado por minha causa e ajudá-los em sua luta pela existência.

Tão purificadora e altruísta foi essa minha afeição por ela que, quando passou a ser compartilhada entre seus filhos, em vez de perder a intensidade por tal divisão, pareceu apenas crescer e se fortalecer. Nascido com a potencialidade da mais calorosa afeição familiar, a devoção por minha irmã era tão grande que a ideia de queimar aquele fogo sagrado do amor diante de qualquer ídolo, que não fosse ela e a sua família, nunca entrou na minha cabeça. Essa era a única igreja que eu reconhecia, a única igreja em que eu adorava no altar da santa afeição familiar. Na verdade, essa grande família de onze pessoas, incluindo seu marido, era o único elo que me ligava à Europa. Por duas vezes, durante um período de nove anos, cruzei o oceano com o único objetivo de ver e apertar esses entes queridos junto ao meu coração. Eu não tinha outro negócio no Ocidente; e tendo cumprido este dever prazeroso, voltava cada vez ao Japão para trabalhar e me esforçar por eles. Pelo bem deles, permaneci solteiro, para que a riqueza que eu adquirisse fosse dividida apenas entre eles.

Sempre havíamos nos correspondido tão regularmente quanto permitia o trânsito longo do serviço de barcos-correio, então muito irregular. Mas de repente houve uma interrupção nas minhas cartas recebidas de casa. Por quase um ano não recebi nenhuma notícia; e, dia após dia, fiquei mais inquieto, mais apreensivo de uma grande desgraça. Em vão, procurei por uma carta, uma mensagem simples; e meus esforços para explicar um silêncio tão incomum foram infrutíferos.

"Amigo", disse-me um dia, Tamoora Hideyeri, meu único confidente, "Amigo, consulte um santo yamabooshi — e você se sentirá bem".

Claro que a oferta foi rejeitada com tanta moderação quanto eu pude controlar mediante a provocação. Mas, quando vieram vapor após vapor sem uma notícia, senti um desespero que aumentava diariamente em profundidade e fixação. Isso finalmente degenerou em um anseio irreprimível, um desejo mórbido de aprender — o pior, como eu pensava então. Eu lutei muito com o sentimento, mas ele me dominava. Apenas alguns meses antes, passei de um mestre completo de mim mesmo — e agora me tornei um escravo abjeto do medo. Um fatalista da escola de D'Holbach, eu, que sempre considerei a crença no sistema da necessidade como sendo o único acicate da felicidade filosófica e como tendo a influência mais vantajosa sobre as fraquezas humanas, senti anseio por algo semelhante à adivinhação! Eu tinha ido tão longe a ponto de esquecer o primeiro princípio da minha doutrina — o único calculado para acalmar nossas tristezas, para nos inspirar com uma submissão útil, a saber, uma resignação racional aos decretos do destino cego, com os quais a sensibilidade tola nos faz muitas vezes ficar oprimido — a doutrina de que tudo é necessário. Sim; esquecendo-me disso, fui atraído por uma ânsia vergonhosa e supersticiosa, um desejo estúpido e sem graça de saber — quando não o futuro, pelo menos o que estava ocorrendo no outro lado do globo. Minha conduta parecia totalmente modificada, meu temperamento e aspirações mudaram completamente; e como uma garota nervosa e fraca, eu me peguei forçando a mente até a beira da loucura numa tentativa de olhar — como me disseram algumas vezes — além dos oceanos e perceber finalmente a verdadeira causa desse longo e inexplicável silêncio!

Uma noite, ao pôr-do-sol, meu velho amigo, o venerável bonzo Tamoora, apareceu na varanda da minha casa baixa de madeira. Eu não o visitava há muitos dias, e ele soubera como eu estava. Aproveitei a oportunidade para, mais uma vez, zombar de alguém que, na verdade, considerava com respeito muito afetuoso. Com um gosto ambíguo pelo qual me arrependi quase antes de as palavras terem sido pronunciadas — perguntei-lhe por que ele se dera ao trabalho de percorrer toda aquela distância quando poderia ter sabido de alguma coisa a meu respeito simplesmente interrogando um *yamabooshi*? Ele pareceu um pouco magoado, a princípio; mas depois de examinar meu rosto desanimado, ele comentou com brandura que só podia insistir no que já havia aconselhado antes. Apenas uma dessas ordens sagradas poderia me dar consolo no meu estado atual.

Uma noite, ao pôr-do-sol, meu velho amigo, o venerável bonzo, Tamoora, apareceu na varanda da minha casa baixa de madeira. Eu não o visitava há muitos dias e ele soubera como eu estava. Aproveitei a oportunidade para, mais uma vez, zombar de uma pessoa que, na verdade, considerava com muito respeito afetuoso. Com um gosto ambíguo pelo qual me arrependi quase antes de as palavras terem sido pronunciadas — perguntei-lhe por que ele se dera ao trabalho de percorrer toda aquela distância quando poderia ter aprendido alguma coisa de que gostasse comigo simplesmente interrogando um *yamabooshi*? Ele parecia um pouco magoado, a princípio; mas depois de examinar meu rosto desanimado, ele comentou com brandura que só podia insistir no que havia aconselhado antes. Apenas uma dessas ordens sagradas poderia me dar consolo em meu estado atual.

A partir daquele instante, um desejo insano levou-me a desafiá-lo a provar as suas afirmações. Eu desafio — eu disse a ele — todo e qualquer dos seus supostos magos a me dizer o nome da pessoa que eu estava pensando e o que ela estaria fazendo naquele momento. Ele respondeu calmamente que meu desejo poderia ser facilmente satisfeito. Havia um *yamabooshi* a duas portas de mim, visitando um xintoísta doente. Ele iria buscá-lo — se eu dissesse apenas uma palavra afirmativa.

Eu disse isso e, a partir do momento dessa declaração, meu destino foi selado.

É difícil encontrar palavras para descrever a cena que se seguiu! Vinte minutos depois de o desejo ter sido tão incautamente expresso, um velho japonês, incomumente alto e majestoso para alguém de sua raça, pálido, magro e emaciado, estava de pé diante de mim. Ali, onde esperava encontrar servilismo obsequioso, eu só percebi um ar de calma e digna compostura, a atitude de quem conhece a sua superioridade moral e, portanto, despreza os erros daqueles que não conseguem reconhecê-los. Às questões um tanto irreverentes e zombeteiras que lhe coloquei uma após a outra, com fervor febril, ele não respondeu; mas olhava para mim em silêncio tal com um médico olharia para um paciente delirante. A partir do momento em que ele fixou os seus olhos nos meus, senti — ou direi, vi — como se fosse um agudo raio de luz, um fino fio prateado, disparar dos olhos intensamente negros e estreitos tão profundamente afundados no velha face amarela. Pareceu penetrar em meu cérebro e coração como uma flecha e começou a retirar cada pensamento e sentimento. Sim; eu os vi e senti, e logo a dupla sensação tornou-se intolerável.

Para quebrar o feitiço, desafiei-o a dizer-me o que ele havia encontrado em meus pensamentos. Calmamente veio a resposta correta: extrema ansiedade por um parente do sexo feminino, seu marido e filhos, que estavam habitando uma casa, cuja descrição correta ele deu como se soubesse disso tão bem quanto eu. Lancei um olhar desconfiado para meu amigo, o bonzo, a cujas indiscrições, pensei, eu estava em dívida pela resposta rápida. Lembrando, porém, que Tamoora não sabia nada da aparência da casa de minha irmã, que os japoneses são proverbialmente verdadeiros e, como amigos, fiéis até a morte — senti vergonha de minha suspeita. Para expiar isso diante da minha própria consciência, perguntei ao eremita se ele poderia me dizer alguma coisa sobre o estado atual daquela minha amada irmã. O estrangeiro — foi a resposta — nunca acreditaria nas palavras ou confiaria no conhecimento de qualquer pessoa além de si mesmo. Se fosse o *yamabooshi* que lhe dissesse, a impressão se acabaria em poucas horas, e o investigador se sentiria tão infeliz quanto antes. Havia apenas um meio; e esse era fazer o estrangeiro (eu mesmo) ver com seus próprios olhos, e assim aprender a verdade por si mesmo. O inquiridor estava pronto para ser colocado por um *yamabooshi*, um estranho para ele, no estado requerido?

Eu tinha ouvido falar na Europa de sonâmbulos hipnotizados e pretendentes à clarividência, e não tendo fé neles, eu não tinha, portanto, nada contra o processo em si. Mesmo em meio à minha agonia mental inesgotável, não pude deixar de sorrir diante da natureza ridícula da operação a que me submeti voluntariamente. No entanto, eu silenciosamente dei o consentimento.

Magia psíquica

O velho *yamabooshi* não perdeu tempo. Olhou para o Sol poente e achando provavelmente o Senhor Ten-Dzio-Dai-Dzio (o espírito que lança seus raios) propício para a cerimônia que viria, ele rapidamente sacou um pequeno pacote. Continha uma pequena caixa laqueada, um pedaço de papel vegetal, feito da casca da amoreira, e uma caneta, com a qual traçou no papel algumas frases no alfabeto *naiden* — um estilo peculiar de linguagem escrita usado apenas para propósitos religiosos e místicos. Tendo terminado, tirou de debaixo de suas roupas um pequeno espelho redondo de aço de extraordinário brilho, e colocando-o diante dos meus olhos me pediu para olhar para ele.

Eu não apenas tinha ouvido falar antes desses espelhos, que são frequentemente usados nos templos, mas eu os vi várias vezes. Afirma-se que, sob a direção e a vontade de sacerdotes instruídos, aparecem neles os *daij-djim*, os grandes espíritos que alertam os devotos inquiridores sobre o seu destino. Primeiro imaginei que a sua intenção era evocar um espírito assim, que respondesse às minhas perguntas. O que aconteceu, no entanto, foi algo muito diferente.

Tão logo eu toquei o espelho, não sem uma última pontada de melancolia mental produzida por uma profunda sensação de minha própria posição absurda, senti de repente uma sensação estranha no braço da mão que o segurava. Por um breve momento, esqueci de "sentar-me no banco do escarnecedor" e não vi o assunto de um ponto de vista ridículo. Foi o medo que de repente apertou meu cérebro, paralisando por um instante a sua atividade -

... esse medo quando o coração anseia por saber
o que é morte ouvir?

Não; pois ainda tinha consciência suficiente para continuar a me persuadir de que nada sairia de um experimento de cuja natureza nenhum homem sensato poderia acreditar. O que foi então que rastejou em meu cérebro como uma coisa viva de gelo, produzindo uma sensação de horror, e então agarrou meu coração como se uma serpente mortal tivesse prendido suas presas nele? Com um movimento convulsivo da mão eu deixei cair o espelho "mágico" (eu coro ao escrever o adjetivo) e não pude me forçar a pegá-lo do sofá no qual eu estava reclinado. Por um breve momento, houve uma luta terrível entre algum desejo indefinido e, para mim, totalmente inexplicável, de olhar para as profundezas da superfície polida do espelho e o meu orgulho, cuja ferocidade nada parecia capaz de domar. Foi finalmente dominado, no entanto, sua revolta foi sendo conquistada por sua própria intensidade desafiadora. Havia um romance aberto sobre uma mesa de laca perto do sofá e, quando meus olhos caíram sobre as páginas, li as palavras: "O véu que cobre o futuro é tecido pela mão da misericórdia". Isso foi o suficiente. Aquele mesmo orgulho que até então me impedia de encarar uma experiência degradante e supersticiosa fez-me desafiar meu destino. Peguei o disco que brilhava sinistramente e me preparei para olhar para ele.

Enquanto eu examinava o espelho, o *yamabooshi* falou apressadamente algumas palavras para o bonzo, Tamoora, aos quais eu lancei um olhar furtivo e desconfiado. Eu estava errado mais uma vez.

"O homem santo deseja que eu faça uma pergunta e lhe dê ao mesmo tempo um aviso", observou o bonzo. "Se você está disposto a ver por si mesmo agora, você terá, sob a pena de ver para sempre, no futuro, tudo o que está acontecendo, a qualquer distância e contra a sua vontade ou inclinação, que se submeter a um curso regular de purificação, após o qual você terá aprendido o que você quer através do espelho."

"O que é este curso e o que devo prometer?" Eu perguntei desafiadoramente.

"É para seu próprio bem. Você deve prometer a ele se submeter ao processo, para que, pelo resto de sua vida, ele tenha que se responsabilizar, perante a sua própria consciência, por ter feito de você um vidente irresponsável. Você fará isso, amigo?"

"Haverá tempo suficiente para pensar sobre isso se eu vir alguma coisa" — respondi zombeteiramente, acrescentando em voz baixa — "algo de que duvido muito até agora."

"Bem, você está avisado, amigo. As consequências agora recairão sobre você mesmo," foi a resposta solene.

Olhei de relance para o relógio e fiz um gesto de impaciência, que foi observado e compreendido pelo *yamabooshi*. Passavam apenas sete minutos das cinco.

"Defina bem em sua mente o que você gostaria de ver e saber", disse o "mágico", colocando o espelho e o papel em minhas mãos e me instruindo como usá-los.

Suas instruções foram recebidas por mim com mais impaciência do que gratidão; e por um breve instante, hesitei novamente. No entanto, eu respondi, enquanto ajustava o espelho: "Eu desejo apenas uma coisa – saber a razão ou razões pelas quais minha irmã de repente parou de escrever para mim." ...

Teria eu pronunciado essas palavras na realidade e perante duas testemunhas ou eu só pensara nelas? Até hoje não consigo definir esse ponto. Agora me lembro distintamente apenas de uma coisa: enquanto eu me sentava olhando no espelho, o *yamabooshi* continuava olhando para mim. Mas, se esse processo durou meio segundo ou três horas, eu nunca fui capaz de fixar em minha mente com algum grau de satisfação. Lembro-me de todos os detalhes da cena até o momento em que peguei o espelho com a mão esquerda, segurando o papel inscrito com os caracteres místicos entre o polegar e o dedo da direita, quando, de repente, pareci perder bastante a consciência dos objetos circundantes. A passagem do estado de vigília ativa para outro que eu não podia comparar com nada que eu já tivesse experimentado antes, foi tão rápida que, enquanto meus olhos paravam de perceber objetos externos e perdiam completamente a visão do bonzo, do *yamabooshi* e até de meu quarto, eu podia ver distintamente a minha cabeça e as minhas costas, enquanto me sentava inclinado para a frente com o espelho na mão. Então veio uma sensação forte ou um impulso involuntário para a frente, para sair, por assim dizer, do meu lugar — eu quase tinha dito do meu corpo. E, então, enquanto todos os meus outros sentidos ficavam totalmente paralisados, meus olhos, como eu pensava, captaram inesperadamente um vislumbre mais claro e muito mais vívido do que jamais haviam tido da realidade, da nova casa de minha irmã em Nuremberg, que eu nunca havia visitado e de que conhecia apenas um esboço, e outro cenário que nunca me fora muito familiar. Junto com isso e enquanto sentia em meu cérebro o que pareciam lampejos de uma consciência que se afastava — pessoas morrendo devem sentir isso sem dúvida — o último pensamento vago, tão fraco a ponto de dificilmente ser perceptível, era que eu deveria parecer muito, muito ridículo... Esse sentimento — porquanto foi mais do que um pensamento — foi interrompido, de repente extinguido, por assim dizer, por uma clara visão mental (não a posso caracterizar de outra forma) de mim mesmo, daquilo que eu considerava, e sabia, ser meu corpo, deitado com bochechas acinzentadas em um sofá, morto para todos os efeitos, mas ainda olhando com os olhos frios e vidrados de um cadáver para o espelho. Curvando-se, com as duas mãos emaciadas cortando o ar em todas as direções sobre o rosto branco, estava a figura alta do *yamabooshi*, por quem senti naquele instante um ódio inextinguível e homicida. Quando eu estava indo, em pensamento, atacar o vil charlatão, meu cadáver, os dois velhos, o próprio quarto e cada objeto nele tremiam e dançavam numa luz brilhante avermelhada e pareciam flutuar rapidamente para longe de "mim." Mais algumas sombras grotescas e distorcidas diante da "minha" visão; e, com um último sentimento de terror e esforço supremo para perceber quem era eu agora, já que eu não era aquele cadáver — um grande véu de escuridão caiu sobre mim, como um manto fúnebre, e todo pensamento em mim estava morto.

Uma visão de horror

Que estranho! ... Onde eu estava agora? Era evidente para mim que eu havia retornado aos meus sentidos. Lá estava eu, percebendo vividamente que estava me movendo para frente rapidamente, sentindo uma estranha, esquisita sensação como se estivesse nadando, sem impulso ou esforço da minha parte e na escuridão total. A ideia que se me apresentou inicialmente foi a de uma longa passagem subterrânea de água, de terra e ar sufocante, embora fisicamente eu não tivesse percepção, nenhuma sensação, da presença ou contato com qualquer desses elementos. Tentei proferir algumas palavras, para repetir minha última frase, "Só desejo uma coisa: aprender a razão ou razões pelas quais minha irmã parou tão repentinamente de escrever para mim", mas as únicas palavras que ouvi das vinte escritas foram apenas duas, "aprender a", e essas, em vez de saírem da minha própria laringe, voltaram para mim na minha própria voz, mas inteiramente fora de mim, perto, mas não em mim. Em suma, elas foram pronunciadas pela minha voz, não pelos meus lábios...

Mais um movimento rápido e involuntário, mais um mergulho na escuridão *cimeriana*[1] de um elemento desconhecido (para mim), e me vi em pé — na verdade, de pé dentro do solo, como parecia. Eu estava cercado compacta e densamente por todos os lados, acima e abaixo, direita e esquerda, pela terra e no lodo e, ainda assim, ela não pesava e parecia bastante imaterial e transparente aos meus sentidos. Não percebi nem por um segundo o absurdo total, ou melhor, a impossibilidade daquele fato aparente! Um segundo mais, um instante curto, e percebi — oh, horror inexprimível quando penso nisso agora; pois, embora eu notasse, percebesse e registrasse fatos e eventos com muito mais clareza do que nunca, não pareço ser tocado de outra maneira pelo que vi. Sim — percebi um caixão aos meus pés. Era uma ataúde simples e despretensioso, feito de acordo, o último repouso do indigente, no qual, apesar de sua tampa fechada, vi claramente uma caveira horrível e sorridente, um esqueleto de homem, mutilado e quebrado em muitas partes, como se tivesse sido tirado de alguma câmara secreta da extinta Inquisição, onde havia sido submetido à tortura. "Quem pode ser?" — Eu pensei.

Neste momento, ouvi novamente de longe a mesma voz — a minha voz... "a razão ou razões porque"... ela disse; como se essas palavras fossem a continuação ininterrupta da mesma sentença da qual acabara de repetir as duas palavras "aprender a". Soava perto, embora de alguma distância incalculável; dando-me então a ideia de que a longa jornada subterrânea, as subsequentes reflexões e descobertas mentais, não haviam tomado tempo; haviam sido executadas durante o intervalo curto, quase instantâneo, entre as primeiras palavras e as intermediárias da sentença, começadas, pelo menos, se não fossem pronunciadas por mim mesmo, em meu quarto em Kioto, e que agora estava terminando as interrompidas, interrompidas frases, como um eco fiel das minhas próprias palavras e voz...

Imediatamente, os hediondos restos mutilados começaram a assumir uma forma e, para mim, de aparência muito familiar. As partes quebradas se juntaram umas às outras, os ossos ficaram cobertos mais uma vez com carne, e eu reconhe-

[1] *Escuridão cimeriana* (*cymmerian darkness*) refere-se ao mito grego clássico de um povo que vivia em uma terra de escuridão na periferia do mundo. (NT).

ci nesses restos desfigurados — com alguma surpresa, mas sem nenhum traço de sentimento à vista — o marido morto da minha irmã, meu próprio cunhado, a quem eu tinha, por causa dela, amado tão verdadeiramente. "Como foi, e como ele veio a morrer de forma tão terrível?" — eu perguntei a mim mesmo. Ao formular uma pergunta parecia, no estado em que eu estava, receber a resposta instantaneamente. Com dificuldade me fiz a pergunta, então, como se estivesse defronte a um panorama, vi o quadro retrospectivo da morte do pobre Karl, em toda a sua horripilante vivacidade e com todos os detalhes emocionantes, frente aos quais, entretanto, fiquei inteira e brutalmente indiferente. Aqui está ele, o querido velho companheiro, cheio de vida e alegria diante da perspectiva de emprego mais lucrativo, examinando e testando uma fábrica de serrar madeira, um monstro a vapor recém-chegado da América. Ele se inclina, examina mais de perto um mecanismo interno, aperta um parafuso. Suas roupas são apanhadas pelos dentes da roda giratória, e de repente ele é arrastado para baixo, dobrado para cima, e seus membros cortados ao meio, arrancados, antes que os operários, não familiarizados com a máquina, possam pará-la. Ele é retirado, ou o que resta dele, morto, mutilado, uma coisa horrorosa, uma massa irreconhecível de carne palpitante e sangue! Eu sigo os restos mortais, levados como uma pilha irreconhecível para o hospital, ouço a ordem dada brutalmente para que os mensageiros da morte no seu caminho parem na casa da viúva e dos órfãos. Eu os sigo e encontro a família desavisada calmamente reunida. Eu vejo minha irmã, a querida e amada, e permaneço indiferente diante do quadra, apenas me sentindo altamente interessado na cena que se aproxima. Meu coração, meus sentimentos, até mesmo minha personalidade, parecem ter desaparecido, sido deixados para trás, pertencendo a outra pessoa.

Ali "eu" paro e testemunho a recepção despreparada das notícias medonhas. Percebo claramente, sem um momento de hesitação ou erro, o efeito do choque sobre a minha irmã, eu noto claramente, acompanhando e gravando nos mínimos detalhes, as suas sensações e o processo interno que ocorre nela. Eu assisto e me lembro, não faltando um único ponto.

Quando o cadáver é trazido à casa para identificação, ouço um longo grito de agonia, o meu próprio nome pronunciado e o baque surdo do corpo vivo caindo sobre os restos do morto. Segui com curiosidade a emoção súbita e a perturbação instantânea em seu cérebro que se seguiu e observo com atenção o movimento vermiforme imenso e intensificado das fibras tubulares, a mudança instantânea de cor na extremidade cefálica do sistema nervoso, o tecido nervoso fibroso passando do branco para o vermelho brilhante e, em seguida, para o vermelho escuro, de tonalidade azulada. Percebo o lampejo súbito de uma radiância brilhante, semelhante ao fósforo, seu tremor e súbita extinção seguida pela escuridão — completa escuridão na região da memória — enquanto a radiância, comparável em sua forma apenas a uma forma humana, escorre de repente do topo da cabeça, expande-se, perde a sua forma e se espalha. E eu digo a mim mesmo: "Isto é loucura; insanidade incurável por toda a vida, pois o princípio da inteligência não está paralisado ou extinto temporariamente, mas acabou abandonando o tabernáculo para sempre, ejetado dele pela terrível força do súbito golpe... A ligação entre o animal e a essência divina está quebrada"... E quando o termo não familiar "divino" é proferido mentalmente meu "pensamento" ri.

De repente, ouço de novo a minha voz distante e ainda próxima pronunciar enfaticamente e por perto de mim as palavras... "porque minha irmã parou de repente de escrever"... E antes que as duas últimas palavras "para mim" tenham completado a frase, vejo uma longa série de tristes eventos, imediatamente após a catástrofe.

Observo a mãe, agora uma idiota desamparada e humilhada no asilo para lunáticos, anexo ao hospital da cidade; as sete crianças mais jovens admitidas em um refúgio para indigentes. Vejo finalmente os dois mais velhos, um menino de quinze anos e uma menina um ano mais nova, meus favoritos, ambos levados a serviço de estranhos. O capitão de um veleiro leva embora meu sobrinho, uma velha judia adota a tenra jovem. Eu vejo os eventos com todos os seus horrores e detalhes arrepiantes e gravo cada um nos mínimos detalhes com a maior frieza.

Assim pois, assinalo: quando uso tais expressões como "horrores" etc., elas devem ser entendidas como uma reflexão posterior. Durante todo o tempo dos eventos descritos, não experimentei nenhuma sensação de dor ou piedade. Meus sentimentos pareciam estar paralisados bem como meus sentidos externos, foi só depois de "voltar" que eu percebi minhas perdas irrecuperáveis em toda a sua extensão.

Muito do que neguei tão veementemente naqueles dias tenho que admitir agora, devido à triste experiência pessoal. Naquele momento, se eu tivesse sido informado por alguém que o homem poderia agir, pensar e sentir independentemente de seu cérebro e de seus sentidos e, mais do que isso, por algum misterioso e até hoje poder incompreensível para mim, pudesse ser transportado mentalmente a milhares de quilômetros de distância de seu corpo, para testemunhar não apenas acontecimentos presentes, mas também passados e lembrar deles, armazenando-os na sua memória — eu teria declarado louca aquela pessoa. Ai, eu não posso mais fazer isso, pois eu mesmo me tornei aquele "homem louco". Dez, vinte, quarenta, centenas de vezes durante o curso desta minha vida miserável, vivi repetidamente esses momentos de existência fora do meu corpo. Amaldiçoada seja aquela hora em que esse poder terrível foi despertado pela primeira vez em mim! Não tenho nem mesmo o consolo de atribuir tais vislumbres de eventos à distância à insanidade. Os loucos deliram e veem aquilo que não existe no reino ao qual pertencem. Minhas visões mostraram-se invariavelmente corretas. Mas, para minha desgraça.

Mal tive tempo de ver minha desafortunada sobrinha em sua nova casa israelita, quando senti um novo choque da mesma natureza daquele que me fizera "nadar" pelas entranhas da terra, como eu pensara. Abri os olhos em meu próprio quarto e a primeira coisa em que me fixei acidentalmente foi o relógio. Os ponteiros do mostrador mostravam cinco horas e sete minutos e meio! ... Assim, passei por essas experiências terríveis, que me levam horas para narrar, precisamente em meio minuto!

Mas isso também foi uma reflexão tardia. Por um breve instante não recordei nada do que tinha visto. O intervalo entre o momento em que olhei para o relógio ao pegar o espelho da mão do *yamabooshi* e essa segunda olhada, pareceu-me fundido num só. Eu estava apenas abrindo os lábios para despachar o *yamabooshi* com seu experimento, quando a lembrança completa do que eu acabara de ver brilhou como um relâmpago no meu cérebro. Dando um grito de horror e desespero, senti como se toda a criação tivesse me esmagando sob seu peso. Por um momento permaneci sem palavras, a imagem da ruína humana em meio a um mundo de morte e desolação. Meu coração afundou em angústia: minha desgraça estava selada; e uma tristeza sem esperança pareceu se estabelecer em mim para o resto da minha vida.

Retorno das dúvidas

Então veio uma reação tão súbita quanto minha própria dor. Uma dúvida surgiu em minha mente, que logo se transformou em um desejo feroz de negar a verdade do que eu tinha visto. Uma resolução persistente de tratar a coisa toda como um sonho vazio e sem sentido, o efeito da minha mente sobrecarregada, apossou-se de mim. Sim; era apenas uma visão falsa, uma trapaça idiota de meus próprios sentidos, sugerindo imagens de morte e sofrimento que haviam sido evocadas por semanas de incerteza e depressão mental.

"Como pude ver tudo o que vi em menos de meio minuto?" — exclamei. "A teoria dos sonhos, a rapidez com que as mudanças materiais das quais dependem nossas ideias visuais, que são excitadas nos gânglios hemisféricos, é suficiente para explicar a longa série de eventos que pareci experimentar. Somente no sonho podem as relações de espaço e tempo ser tão completamente aniquiladas. O *yamabooshi* nada tem a ver com esse pesadelo desagradável. Ele está apenas colhendo o que foi semeado por mim mesmo e, usando alguma droga infernal de que a sua seita tem o segredo, planejou fazer-me perder a consciência por alguns segundos e ter essa visão — tão mentirosa quanto horrível. Fora todos esses pensamentos, eu não acredito neles! Em poucos dias haverá um vapor partindo para a Europa ... eu viajarei tão logo!

Este monólogo desarticulado foi pronunciado por mim em voz alta, sem considerar as presenças do meu respeitado amigo bonzo, Tamoora, e do *yamabooshi*. Esse último estava de pé diante de mim na mesma posição de quando colocou o espelho em minhas mãos e ficou olhando para mim com calma, talvez fosse melhor dizer olhando através de mim, e num silêncio solene. O bonzo, cujo semblante amável estava radiante de simpatia, aproximou-se de mim como se ele fosse uma criança doente, e gentilmente pousou a mão na minha e, com lágrimas nos olhos, disse: "Amigo, você não deve deixar esta cidade antes de ter sido completamente purificado do seu contato com os *daij-djins* (espíritos) inferiores, que tiveram que ser usados para guiar a sua alma inexperiente para os lugares que ansiava por ver. A entrada para o seu eu interno deve ser fechada para evitar a sua perigosa intrusão. Não perca tempo, portanto, meu Filho, e permita que o santo mestre, acolá, purifique você de uma vez."

Mas nada pode ser mais surda à razão do que a raiva uma vez despertada. "A seiva da razão" não podia mais "apagar o fogo da paixão" e, naquele momento, eu não estava em condições de ouvir a sua voz amistosa. O rosto dele jamais serei capaz de recordar sem sentimento genuíno; seu nome sempre pronunciarei com um suspiro de emoção; mas naquela hora memorável em que minhas paixões estavam inflamadas até o calor branco, senti quase um ódio pelo bom, gentil e velho homem, não o pude perdoar por sua interferência no presente evento. Assim, para cada resposta, ele recebeu de mim, portanto, uma repreensão severa, um protesto violento de minha parte contra a ideia de que eu poderia considerar a visão que tive sob qualquer outra luz que não fosse a de um sonho vazio, e seu *yamabooshi* como algo melhor que um impostor. "Partiria amanhã, se tivesse de perder toda a minha fortuna como penalidade" — exclamei, pálido de raiva e desespero.

"Você vai se arrepender por toda a sua vida, se você fizer isso antes que o homem santo tenha fechado cada entrada em você contra os intrusos que já estão atentos e prontos para entrar pela porta aberta", foi a resposta. "Os *daij-djins* terão o melhor de você."

Eu o interrompi com uma risada brutal e um interrogatório ainda mais grotesco sobre as taxas que eu deveria pagar ao *yamabooshi* por sua experiência comigo.

"Ele não precisa de recompensa", foi a resposta. "A ordem à qual ele pertence é a mais rica do mundo, na medida em que os seus adeptos não precisam de nada, pois estão acima dos desejos terrenos e venais. Não o insulte, o bom homem veio ajudá-lo por pura simpatia por seu sofrimento e para aliviá-lo da agonia mental".

Mas eu não ouviria palavras razoáveis e de sabedoria. O espírito de rebelião e orgulho tomara posse de mim e fez com que eu desconsiderasse todo sentimento de amizade pessoal ou mesmo o simples sentido de decência. Felizmente para mim, ao me virar para pedir ao monge terapeuta que saísse de minha presença, descobri que ele tinha ido embora.

Eu não o tinha visto se mover e atribui a sua partida furtiva ao medo de ter sido detectado e compreendido.

Idiota! Idiota convencido que eu era! Por que deixei de reconhecer o poder do *yamabooshi*, e que a paz de toda a minha vida estava partindo com ele daquele momento em diante? Mas eu estraguei tudo. Mesmo o demônio adormecido de meus longos medos — a incerteza — estava agora totalmente dominado por esse ceticismo diabólico — o mais tolo de todos. Uma incredulidade surda e mórbida, uma negação obstinada da evidência de meus próprios sentidos e uma vontade determinada de considerar toda a visão como uma fantasia de minha mente exausta haviam se apoderado de mim.

"Minha mente", argumentei, "o que é isso?" Devo acreditar com os supersticiosos e os fracos que esse composto de fósforo e matéria cinzenta é de fato a minha parte superior, que pode atuar e ver independentemente dos meus sentidos físicos? Nunca! Também acreditam nas 'inteligências' planetárias do astrólogo, tal como nos *daij-djins* de meu crédulo, embora bem intencionado, amigo, o sacerdote. Também confessam alguns sua crença em Júpiter e no Sol, Saturno e Mercúrio, e que aquelas inteligências guiam suas esferas e se preocupam com os mortais, como para dar um caráter de seriedade às nulas entidades aéreas que supostamente guiaram minha 'alma' em seu sonho desagradável! Eu abomino e rio da ideia absurda. Considero um insulto pessoal ao intelecto e aos poderes racionais de raciocínio de um homem falar de criaturas invisíveis, "inteligências subjetivas" e todo esse tipo de superstição insana. Em suma, implorei ao meu amigo bonzo que me poupasse de seus protestos e, portanto, do desagrado de romper com ele para sempre.

Assim, eu delirava e discutia diante do venerável cavalheiro japonês, fazendo tudo ao meu alcance para deixar em sua mente a indelével convicção de eu ter ficado louco subitamente. Mas sua admirável tolerância se mostrou mais do que igual à minha paixão idiota; e ele me implorou mais uma vez, em nome de todo o meu futuro, a se submeter a certos "rituais purificadores necessários".

"Nunca! Prefiro morar na atmosfera rarefeita do nada com a bomba de ar, ou a incredulidade saudável, do que no nevoeiro turvo de uma superstição tola", argumentei, parafraseando a observação de Richter. "Eu não vou acreditar", repeti; "mas como não posso mais suportar tanta incerteza sobre minha irmã e a sua família, voltarei no primeiro navio para a Europa."

Essa determinação final perturbou meu velho conhecido por completo. Sua sincera oração para não partir antes que eu tivesse visto o yamabooshi mais uma vez, não despertou a minha atenção.

"Amigo de uma terra estrangeira!" — ele choramingou: "eu rezo para que você não se arrependa de sua incredulidade e precipitação. Que o "Santo Uno" [Kwan-On, a deusa da misericórdia] te proteja dos *djins*! Porque, caso você se recuse a submeter-se ao processo de purificação nas mãos do santo *yamabooshi*, ele será impotente para defendê-lo das más influências evocadas por sua incredulidade e desafio à verdade, mas permita-me, nesta hora de despedida, eu lhe peço, deixe um homem mais velho que deseja o seu bem avisá-lo mais uma vez e persuadi-lo de coisas que você ainda não sabe. Posso falar?"

"Vá em frente e dê a sua opinião", foi o assentimento deselegante. "Mas deixe-me avisá-lo, por minha vez, que nada que você possa dizer fará de mim um crente em suas infames superstições." Isto foi adicionado com a cruel sensação de prazer em presentear mais um insulto desnecessário.

Mas o excelente homem desconsiderou esse novo desdém como todos os outros. Jamais esquecerei a sinceridade solene de suas palavras de despedida, o olhar compassivo e arrependido em seu rosto quando descobriu que, de fato, tudo não tinha sentido algum, que por sua gentil interferência, ele apenas me levara à destruição.

"Empreste-me seu ouvido, bom senhor, pela última vez", começou ele, "aprenda que a menos que o santo e venerável homem que, para aliviar a sua aflição, abriu a sua 'visão da alma' tenha permissão para completar seu trabalho, a vida futura será, de fato, pouco digna de ser vivida. Ele tem que o salvaguardar das repetições involuntárias de visões do mesmo caráter. A menos que você consinta de livre vontade o serviço complementar, você terá, sem embargo, que ser deixado à mercê das forças que irão persegui-lo, e persegui-lo até a beira da insanidade. Saiba que o desenvolvimento da *'long vision'* [clarividência] — que é realizado à vontade apenas por aqueles para quem a Mãe de Misericórdia, a grande Kwan-On, não tem segredos — deve ser obtido, no caso do principiante, com a ajuda dos *djins aéreos* (espíritos elementais), cuja natureza é sem alma e, portanto, iníqua. Saiba também que, enquanto o *aribat*, "o destruidor do inimigo", sujeitou e fez dessas criaturas seus servos, não tem nada a temer, mas quem não tem poder sobre elas é seu escravo. Não, no seu grande orgulho e desconhecimento não ria, mas ouça mais. Durante o tempo da visão e enquanto as percepções internas são direcionadas para os eventos que eles buscam, os *daij-djim* têm o vidente, mas quando se trata de um vidente novato e inexperiente como você — eles o têm o inteiramente sob seu poder; e nesse período esse vidente não é mais ele mesmo. Ele participa da natureza de seu "guia". O *daij-djim* que dirige a sua visão interior mantém a sua alma em estado lastimável, fazendo dela, enquanto durar o estado, uma criatura como ele. Privado de sua luz divina, o homem é apenas um ser sem alma; portanto, durante o tempo de tal conexão, ele não sentirá emoções humanas, nem piedade nem medo, amor ou misericórdia."

"Aguarde!" Eu involuntariamente exclamei, enquanto as palavras traziam de volta às minhas lembranças a indiferença, em minha "alucinação, com que eu havia testemunhado o desespero de minha irmã com a súbita perda de razão." "Aguarde!... Mas não; ainda é pior loucura para mim prestar atenção ou encontrar algum sentido em sua história ridícula! Mas, se você sabia que era tão perigosa, por que aconselhou a experiência?" Eu completei zombeteiramente.

"Tinha que durar apenas alguns segundos, e nenhum mal poderia ter resultado disso, se você tivesse cumprido sua promessa de se submeter à purificação," foi a resposta triste e humilde. "Eu lhe desejei bem, meu amigo, e meu coração estava quase quebrando por ver você sofrendo dia após dia. O experimento é inofensivo quando dirigido por alguém que sabe, e só se torna perigoso quando a precaução final é negligenciada. É o 'Mestre das Visões' aquele que abriu uma entrada em sua alma, que tem que fechá-la usando o Selo de Purificação contra qualquer posterior ingresso deliberado de ..."

"O 'Mestre das Visões' certamente!" Eu gritei, brutalmente interrompendo-o, "diga antes o mestre da impostura!"

O olhar de tristeza em seu velho rosto era tão intenso e doloroso de se ver que percebi que tinha ido longe demais; mas, era tarde demais.

"Adeus, então!" disse o velho bonzo, levantando-se; e depois de realizar as cerimônias habituais de polidez, Tamoora saiu da casa em digno silêncio.

Parto – Mas não sozinho

Embarquei vários dias depois, mas durante o resto de minha estada não vi mais o meu venerável amigo, o bonzo. Evidentemente, naquela última e sempre memorável noite, ele ficou seriamente ofendido com a minha mais do que irreverente, insultuosa, observação sobre alguém a quem ele tão justamente respeitava. Eu senti pena dele, mas a roda de paixão e do orgulho trabalhou incessantemente não permitindo que eu sentisse um único momento de remorso. O que foi que me fez apreciar tanto o prazer da ira, a tal ponto de, por um instante, quando aconteceu de eu perder de vista a minha suposta queixa contra o *yamabooshi*, ter imediatamente me atirado de volta a uma espécie de fúria artificial contra ele. Ele havia realizado apenas o que se esperava que fizesse e o que prometera tacitamente; não só isso, mas fui eu mesmo que o privara da possibilidade de fazer mais, mesmo para minha própria proteção, se pudesse acreditar no bonzo — um homem que eu sabia ser totalmente digno e confiável. Foi arrependimento por ter sido forçado pelo meu orgulho a recusar a proteção oferecida ou foi o medo do remorso que me fez juntar, em meu coração, durante aquelas horas maléficas, os menores detalhes do suposto insulto àquele mesmo orgulho suicida? O remorso, como bem observou um poeta antigo, "é como o coração em que cresce:

"... se orgulhosa e sombria,
É uma árvore envenenada que penetrou ao máximo
Só chora lágrimas de sangue"...

Por outro lado, foi o medo indefinido de algo desse tipo que me fez permanecer tão obstinado e levou-me a desculpar, sob a alegação de terrível provocação, até mesmo os insultos não provocados que eu havia despejado sobre a cabeça do meu amigo gentil e indulgente, o sacerdote. No entanto, agora era tarde demais para recordar as palavras de ofensa que eu havia proferido, e tudo que pude fazer foi prometer a mim mesmo a satisfação de escrever-lhe uma carta amigável, tão logo chegasse em casa. Tolo, tolo cego, estava eufórico com a própria presunção insolente que eu era! Tão certo eu sentia que a minha visão era devida apenas a algum truque do *yamabooshi* que eu realmente regozijei-me com o triunfo vindouro ao escrever para o bonzo que eu estava certo em responder suas tristes palavras de despedida com um sorriso incrédulo, porquanto minha irmã e família gozavam de boa saúde — felizes!

Ainda não se completara uma semana no mar, antes de eu ter motivos para lembrar suas palavras de advertência!

Desde o dia da minha experiência com o espelho mágico, eu percebi uma grande mudança em todo o meu estado, e atribuí-a, em primeiro lugar, à depressão mental contra a qual eu vinha lutando por tantos meses. Durante o dia eu muitas vezes me vi ausente das cenas ao derredor, perdendo a visão por vários minutos de coisas e pessoas. Minhas noites eram perturbadas, meus sonhos opressivos e, às vezes, horríveis. Bom marinheiro eu era certamente; além disso, o tempo estava excepcionalmente bom, o oceano estava tão calmo quanto um lago. Apesar disso, muitas vezes senti uma vertigem estranha, e os rostos familiares dos meus companheiros de viagem assumiam, nessas ocasiões, aparências as mais grotescas. Assim, um jovem alemão que eu conhecia bem foi subitamente transformado diante de meus olhos em seu velho pai, que havíamos colocado no pequeno túmulo da colônia europeia há cerca de três anos antes. Estávamos conversando no convés sobre o finado e de um certo arranjo comercial dele, quando a cabeça de Max Grunner me apareceu como se estivesse coberta por uma estranha película. Uma névoa grossa e acinzentada o envolveu, e condensou-se gradualmente ao redor e sobre seu semblante saudável, instalou-se repentinamente na velha cabeça sombria que eu tinha visto coberta com seis pés de terra. Em outra ocasião, enquanto o capitão falava de um ladrão malaio que ele havia ajudado a segurar e alojar na cela, vi perto dele o rosto amarelo e vil de um homem que correspondia à sua descrição. Mantive silêncio sobre tais alucinações; mas, à medida que se tornavam cada vez mais frequentes, eu me sentia muito perturbado, embora ainda as atribuísse a causas naturais, como as que eu havia lido em livros de medicina.

Certa noite, fui despertado abruptamente por um longo e alto grito de angústia. Era uma voz de mulher, queixosa como a de uma criança, cheia de terror e de desespero desamparado. Acordei e encontrava-me em terra num aposento desconhecido. Uma jovem, quase uma criança, lutava desesperadamente contra um homem de meia-idade que a surpreendeu em seu próprio quarto durante o sono. Atrás da porta fechada e trancada, vi uma mulher idosa de sentinela, cujo rosto, apesar da expressão demoníaca, me pareceu familiar, e imediatamente reconheci: era o rosto da judia que adotara minha sobrinha como vira no sonho que tive em Kioto. Ela recebeu pagamento em ouro para participar do crime e agora estava mantendo sua parte no trato... Mas, quem era a vítima? Oh, horror inexprimível! Horror indescritível! Quando percebi a situação depois de voltar ao meu estado normal, descobri que a criança era a minha própria sobrinha.

Mas, como na minha primeira visão, não senti nada semelhante àquele desespero que nasce da afeição que enche o coração de alguém à vista de um mal feito ou de uma desgraça que se abate sobre aqueles a quem ama; nada além de uma indignação masculina na presença do sofrimento infligido aos fracos e indefesos. Corri, é claro, para resgatá-la e agarrei a irresponsável e brutal besta pelo pescoço. Eu o prendi com força, mas o homem não deu a menor atenção, ele nem pareceu sentir minha mão. O covarde, vendo-se resistido pela garota, ergueu seu braço poderoso e o punho grosso e, descendo-o como um martelo pesado sobre as mechas ensolaradas, derrubou a criança no chão. Foi com um alto grito de indignação de um estranho, não como a de uma tigresa defendendo seu filhote, que eu pulei sobre a besta indecente e tentei estrangulá-la. Então notei, pela primeira vez, que não era eu, mas sim uma sombra de mim mesmo que estava agarrando outra sombra! ...

Meus gritos altos e imprecações despertaram todo o vapor. Eles foram atribuídos a um pesadelo. Procurei não confidenciar nada a ninguém. Mas, minha vida se tornou, daquele dia em diante, uma longa série de torturas mentais; eu mal conseguia fechar os olhos sem me tornar testemunha de algum ato horrível, alguma cena de miséria, morte ou crime, seja do passado, presente ou até do futuro — como eu verifiquei mais tarde. Era como se algum demônio zombeteiro tivesse assumido a tarefa de me fazer passar pela visão de tudo que era bestial, maligno e sem esperança neste mundo de miséria. Nenhuma visão radiante de beleza ou virtude jamais iluminou com o raio mais fraco aquelas imagens de temor e desventura que eu parecia condenado a testemunhar. Cenas de iniquidade, assassinato, traição e luxúria surgiam tristemente à minha vista, e eu estava cara a cara com os resultados mais vis das paixões do homem, o resultado mais terrível de seus desejos materiais terrestres.

Teria o bonzo previsto, de fato, os resultados sombrios quando falou dos *daij-djins* a quem deixei "um ingresso", "uma porta aberta" em mim? Absurdo! Deve haver alguma mudança fisiológica anormal em mim. Uma vez em Nuremberg, quando tiver verificado o quão falsa era a direção tomada por meus medos (não ousei esperar que viesse a acontecer alguma desgraça, de modo algum) essas visões sem sentido desaparecerão à medida que surgirem. O próprio fato de que minha fantasia segue apenas uma direção, a de quadros de miséria, de paixões humanas em sua pior forma material, é uma prova, para mim, de sua irrealidade.

"Se, como você diz, o homem consiste de uma substância, matéria, o objeto dos sentidos físicos; e se a percepção com seus modos é apenas o resultado da organização do cérebro, então deveríamos ser naturalmente atraídos mais para o material, o terreno "... Pensei ter ouvido a voz familiar do bonzo interrompendo minhas reflexões e repetindo um argumento frequentemente usado por ele em suas discussões comigo.

> Há dois planos de visões diante dos homens", ouvi-o novamente dizer, "o plano do amor eterno e das aspirações espirituais, o efluxo da luz eterna; e o plano da matéria turbulenta, sempre mutável, a luz na qual os extraviados *daij-djins* se banham.

Eternidade num curto sonho

Naquela época, eu mal conseguia conceber, nem por um momento, o absurdo da crença em qualquer tipo de espírito, fosse bom ou ruim. Agora eu entendia, se é que não acreditava, o que significava o termo, embora ainda persistisse na esperança de que finalmente ficasse provada alguma desordem física ou alucinação nervosa. Para fortalecer mais a minha incredulidade, tentei trazer de volta à minha memória todos os argumentos usados contra a fé em tais superstições que eu já havia lido ou ouvido. Recordei os sarcasmos mordazes de

Voltaire, o raciocínio tranquilo de Hume, e repeti para mim mesmo *ad nauseam* as palavras de Rousseau, que dizia que a superstição, "a perturbação da sociedade", jamais poderia ser atacada com força suficiente. Argumentava eu: "Por que a visão, a fantasmagoria, ou melhor, aquilo que sabemos ser falso quando os sentidos estão despertos, chega a nos afetar de algum modo?" Porque deveriam:

"Conceitos, cujo sentido não vemos
Brincar conosco com coisas que não existem?"

Um dia, o velho capitão estava narrando para nós as várias superstições em que os marinheiros eram viciados. Um pomposo missionário inglês observou que Fielding havia declarado há muito tempo que "a superstição torna um homem um tolo" — depois do que, ele hesitou por um instante e parou abruptamente. Eu não participava da conversa geral, mas assim que o reverendo orador se aliviou da citação, eu vi naquele halo de luz vibrante que agora eu via quase constantemente sobre cada cabeça humana no navio, as palavras da próxima proposição de Fielding: "e o ceticismo o deixa louco."

Eu tinha ouvido e lido sobre as alegações dos supostos videntes de que, muitas vezes, veem os pensamentos das pessoas traçados na aura dos presentes. Seja qual for o significado de "aura" para os outros, eu tive agora uma experiência pessoal da veracidade da afirmação e senti-me suficientemente enojado com a descoberta! Eu — um clarividente! um novo horror adicionado à minha vida, um absurdo e ridículo presente desenvolvido que terei que esconder de todos, sentindo-me envergonhado como se fosse um caso de lepra. Neste momento, meu ódio ao *yamabooshi* e até mesmo ao meu venerável velho amigo, o bonzo, não conhecia limites. O primeiro tinha evidentemente, por suas manipulações sobre mim enquanto eu estava deitado inconsciente, tocado alguma mola fisiológica desconhecida em meu cérebro, e ao soltá-la havia lançado uma faculdade geralmente escondida na constituição humana; e foi o sacerdote japonês que introduziu o infeliz em minha casa!

Mas a minha raiva e as minhas maldições eram igualmente inúteis e improdutivas. Além disso, já estávamos em águas europeias e em poucos dias estaríamos em Hamburgo. Então minhas dúvidas e medos sossegariam, e eu deveria confirmar, para meu imenso alívio, que embora a clarividência, no que diz respeito à leitura de pensamentos humanos no local, possa ter alguma verdade, o discernimento de tais eventos à distância, como eu sonhara, era uma impossibilidade para as faculdades humanas. Apesar de todo o meu raciocínio, contudo, meu coração estava cheio de medo e pressentimentos funestos. Eu senti que meu destino estava se fechando. Sofri terrivelmente, minha prostração nervosa e mental se intensificava dia após dia.

Na noite que antecedeu a entrada no porto, tive um sonho.

Eu imaginei que estava morto. Meu corpo estava frio e enrijecido em seu último sono, ao tempo em que minha consciência agonizante, que ainda se considerava "eu", percebendo o acontecimento, parecia preparar-se para encontrar em poucos segundos a sua própria extinção. Sempre acreditei que o cérebro preserva o calor por mais tempo de que qualquer outro órgão e é o último a cessar a sua atividade, e o pensamento nele sobrevive à morte do corpo por vários minutos. Portanto, não fiquei nem ao menos surpreso de descobrir no meu sonho que, embora o corpo já tivesse atravessado aquele abismo terrível do qual "nenhum mortal pode regressar", sua consciência ainda estava no crepúsculo cinzento, as primeiras sombras do grande mistério. Assim, meu pensamento envolto, como eu acreditava, nos restos de sua vitalidade que escapava de instante a instante, observava com intensa e ansiosa curiosidade as abordagens de sua própria dissolução, ou seja, de sua aniquilação. "Eu" estava me apressando para registrar minhas últimas impressões, para que o escuro manto do esquecimento eterno me envolvesse, antes que eu tivesse tempo de sentir e desfrutar o grande, o supremo, triunfo de aprender que minhas convicções de longa data eram verdadeiras, que a morte é uma completa e absoluta cessação do ser consciente. Tudo ao meu redor estava ficando mais escuro a cada momento. Vastas sombras cinzentas estavam se movendo diante da minha visão, lentamente a princípio, depois com um movimento acelerado, até que começaram a girar ao redor com uma rapidez quase vertiginosa. Então, como se aquele movimento tivesse ocorrido com o propósito de fermentar a escuridão, a velocidade diminuiu e cessou completamente, de vez que o objetivo fora alcançado, e a escuridão se transformou gradualmente em intensa escuridão. Não havia nada agora dentro das minhas percepções imediatas, mas aquele espaço negro insondável, tão escuro quanto o breu; para mim, parecia tão ilimitado e silencioso quanto o ilimitado oceano da eternidade, sobre o qual o tempo, a progênie do cérebro do homem, está sempre planando, mas nunca pode atravessar.

O sonho é definido por Cato como sendo "antes a imagem de nossas esperanças e medos". Nunca tendo temido a morte quando acordado, senti-me neste sonho calmo e sereno com a ideia do meu fim rápido. Na verdade, senti-me bastante aliviado com o pensamento (provavelmente devido ao meu sofrimento mental recente) de que o fim de tudo, da dúvida, do medo por aqueles que eu amava, pelo sofrimento e por toda ansiedade, estava à mão. A angústia constante que vinha corroendo incessantemente meu coração pesado e dolorido por um mês longo e fatigante se tornara insuportável; e se, como Sêneca pensa, a morte é apenas "a cessação de ser o que éramos antes", era melhor que eu morresse. O corpo está morto; "eu", sua consciência — aquilo que é tudo o que resta de mim agora, por mais alguns momentos — estou me preparando para seguir. As percepções mentais se enfraquecerão, tornar-se-ão mais obscuras e confusas a cada segundo, até que a ânsia pelo esquecimento me envolva completamente em sua mortalha fria. Doce é a mão mágica da morte, a grande consoladora do mundo; profundo e sem sonhos é o sono em seus braços inflexíveis. Sim, em verdade, é uma convidada bem-vinda... Um refúgio calmo e pacífico em meio às ondas que rugem no oceano da vida, cujos vagalhões castigam em vão as margens da morte. Feliz o barco solitário que mergulha nas águas paradas de seu golfo negro, depois de ter sido tão longa e cruelmente jogado pelas ondas furiosas da vida senciente. Atracado nele para sempre, não precisando mais de vela nem de leme, meu barco agora encontrará descanso. Bem-vindo então, ó morte, a esse preço tentador; e cuide bem de você, pobre corpo, que, não tendo nem buscado nem obtido dele prazer, agora desisto prontamente!

Enquanto entoando esse hino à morte da forma que está prostrada diante de mim, eu me inclinei e a examinei com curiosidade. Senti a escuridão circundante me oprimindo, pesando sobre mim quase tangivelmente, e imaginei ter encontrado a aproximação do libertador que estava acolhendo. E ainda assim, muito estranho! Se a morte final real ocorre em nossa consciência; se depois da morte corporal, "eu" e minhas percepções conscientes são uma — como é que essas percepções não se tornam mais fracas, por que minha ação cerebral parece tão vigorosa como sempre... já que eu estou de fato morto? ... Nem o sentimento usual de ansiedade, o chamado "coração pesado", diminui de intensidade; ao contrário, ele se sente ainda parece pior... indizivelmente assim! . . . . Quanto tempo leva para o completo esquecimento chegar! ... Ah, aqui está meu corpo de novo! ... Desapareceu de vista por um segundo ou dois, reaparece diante de mim mais uma vez... Quão branco e medonho parece! Ainda ... seu cérebro não pode estar completamente morto, já que "eu", sua consciência, ainda estou agindo, já que nós dois imaginamos que ainda somos, que vivemos e pensamos, desconectados de nosso criador e de suas células idiotas.

De repente, senti um forte desejo de ver quanto tempo o processo de dissolução duraria antes de colocar seu último lacre no cérebro e torná-lo inativo. Examinei meu cérebro na sua cavidade craniana, através de (para mim) paredes inteiramente transparentes e do teto do crânio, e até toquei a matéria cerebral... Como ou com que mãos, agora sou incapaz de dizer; mas a impressão da matéria viscosa e intensamente fria produziu uma impressão muito forte em mim naquele sonho. Para minha grande consternação, descobri que o sangue havia se congelado completamente, e que os tecidos cerebrais sofreram uma mudança que não permitia mais nenhuma ação molecular; tornou-se impossível explicar os fenômenos que agora ocorrem comigo mesmo. Aqui estava eu — ou minha consciência, que é toda uma — aparentemente desconectada por completo do meu cérebro que não podia mais funcionar...

Mas eu não tinha tempo para reflexão. Uma nova e extraordinária mudança em minhas percepções haviam ocorrido e agora absorvia toda a minha atenção... O que isso significa? ...

A mesma escuridão estava ao meu redor como antes, um espaço negro e impenetrável, estendendo-se em todas as direções. Apenas agora, bem diante de mim, em qualquer direção que eu estivesse olhando, movendo-se comigo para onde quer que eu me movesse, havia um gigantesco relógio redondo; um disco, cuja grande face branco brilhava sinistramente no fundo preto de ébano. Quando olhei para o enorme mostrador e para o pêndulo movendo-se para lá e para cá regular e lentamente no espaço, como se seu balanço significasse dividir a eternidade, vi seus ponteiros apontando para cinco horas e sete minutos. "A hora em que minha tortura começou em Kioto!" Eu mal encontrara tempo para pensar na coincidência, quando, para meu horror indescritível, senti-me passando pelo mesmo processo, idêntico, que me fizeram experimentar naquele dia memorável e fatal. Eu nadei no subsolo, correndo rapidamente pela terra; encontrei-me, mais uma vez, no túmulo pobre e reconheci meu cunhado nos restos mutilados; testemunhei sua morte terrível; entrei na casa da minha irmã; segui a sua agonia e a vi enlouquecer. Voltei às mesmas cenas sem perder um único detalhe delas. Mas, ai de mim! Não estava mais aferrada na calma indiferença que tivera e que naquela primeira visão me deixara insensível ao grande infortúnio, como se eu fosse um objeto de pedra, sem coração. Minhas torturas mentais estavam agora ficando além da descrição e quase insuportáveis. Mesmo o desespero estabelecido, a ansiedade inesgotável que eu estava constantemente experimentando quando acordado, tinha se tornado agora, em meu sonho e em face dessa repetição de visões e eventos, como uma hora de pouca luz do Sol comparada a um ciclone mortal. Oh! como sofri com essa riqueza e pompa de horrores infernais, para os quais a convicção da sobrevivência da consciência do homem após a morte, pois naquele sonho eu acreditava firmemente que meu corpo estava morto, acrescentou o mais aterrorizante de todos!

O alívio relativo que senti quando, depois de passar pela

última cena, vi mais uma vez a grande face branca do mostrador à minha frente não era de longa duração. O longo ponteiro em forma de flecha apontava para o colossal disco: cinco horas e sete minutos e meio. Mas, antes que eu tivesse tempo de perceber a mudança, o ponteiro moveu-se lentamente para trás, parou precisamente no sétimo minuto e — ó destino amaldiçoado!... . Encontrei-me numa repetição da mesma série novamente! Mais uma vez nadei no subsolo, vi, ouvi e sofri todas as torturas que o inferno pode proporcionar; passei por todas as angústias mentais conhecidas pelo homem ou pelo demônio. Voltei para ver o mostrador fatal e o seu ponteiro — depois do que pareceu uma eternidade – que se moveu, como antes, apenas meio minuto à frente. Observei-o, com renovado terror, movendo-se para trás outra vez, recuei novamente e senti-me impelido para a frente de novo. E assim foi, mais e mais, hora após hora, no que me pareceu uma sucessão interminável, uma série que nunca teve começo nem jamais teria fim...

Pior de tudo; minha consciência, meu "eu", aparentemente adquiriu a capacidade fenomenal de triplicar-se, quadruplicar-se e até mesmo decuplicar-se. Vivi, senti e sofri, no mesmo espaço de tempo, em meia dúzia de lugares diferentes ao mesmo tempo, passando por vários eventos da minha vida, em diferentes épocas e sob as mais diferentes circunstâncias; embora predominante acima de tudo tenha sido minha experiência espiritual em Kioto. Tal como na famosa fuga em Don Giovanni destacam-se as desgastantes notas da ária de desespero de Elvira, sem que interfiram, por isso, de modo algum com a melodia do minueto, com o canto de sedução ou com o refrão, também eu passei mil e uma vezes pelas minhas aflições e tormentos, os sentimentos de agonia indescritíveis das terríveis visões, cuja repetição não aliviou de forma alguma uma única pontada do meu desespero e horror; nem esses sentimentos enfraqueceram nas menores cenas e eventos totalmente desconectados do primeiro, que eu estava vivendo de novo ou interferindo de alguma forma um com o outro. Foi uma experiência enlouquecedora! Uma série de fantasias mentais em contraponto com a vida real. Ali estava eu durante o mesmo meio minuto, examinando com fria curiosidade os restos mutilados do marido de minha irmã; seguindo com a mesma indiferença os efeitos das notícias no cérebro dela, como na minha primeira visão Kioto, e sentindo ao mesmo tempo uma tortura infernal relativa a esses mesmos eventos, semelhantemente quando voltava à consciência. Eu estava ouvindo os discursos filosóficos do bonzo, cada palavra que eu ouvira e entendera, e estava tentando rir dele com desprezo. Eu era novamente uma criança, depois um jovem, ouvindo as vozes da minha mãe e da minha doce irmã, advertindo-me e ensinando-me meus deveres para com a humanidade. Eu estava salvando um amigo do afogamento, e zombando de seu pai idoso que me agradecia por salvar uma "alma" ainda despreparada para encontrar o seu Criador.

"Falai de consciência dual, vós psicofisiologistas!" — eu gritei em um dos momentos em que a agonia mental, e física também como me parecia, havia chegado a um grau de intensidade que teria matado uma dúzia de homens; "falai de seus experimentos psicológicos e fisiológicos, vós escolásticos cheios de orgulho e aprendizado de livros! Aqui estou eu para vos desmentir..." E agora eu estava lendo as obras e palestras de professores e conferencistas eruditos que me levaram ao ceticismo fatal. E enquanto discutia a impossibilidade de consciência divorciada do cérebro, eu estava derramando lágrimas de sangue sobre o suposto destino de meus sobrinhos. Mais terrível de tudo: eu sabia, como só uma consciência liberada pode saber, que tudo o que eu tinha visto em minha visão no Japão, e tudo o que estava vendo e ouvindo várias vezes agora era verdade em todos os pontos e detalhes, que era uma longa série de fatos medonhos e terríveis, ainda reais e reais.

Pois, talvez, pela centésima vez, eu despertei minha atenção para os ponteiros do relógio, eu havia perdido o número de minhas reviravoltas e estava rapidamente chegando à conclusão de que elas nunca parariam, que a consciência é afinal indestrutível, e que isso seria meu castigo pela eternidade. Estava começando a perceber, por experiência pessoal, como os pecadores condenados devem se sentir — "não era a condenação eterna uma impossibilidade lógica e matemática num universo em constante progresso" — eu ainda encontrei força para argumentar. Sim, de fato; nesta hora da minha crescente agonia, minha consciência (agora meu sinônimo de "eu") ainda tinha o poder de se revoltar perante certas afirmações teológicas, de negar todas as suas proposições, tudo — exceto salvar-se... Não; não mais neguei a natureza independente da minha consciência, pois agora sabia que era assim. Mas é eterna ainda assim? Ó realidade incompreensível e terrível! Mas se você é eterna, quem é você? – uma vez que não há deus, nem Deus. De onde você veio e quando apareceu pela primeira vez se não é uma parte do corpo frio que jaz além? E para onde você me guia, quem é você mesma, e o nosso pensamento e fantasia terão um fim? Qual é o seu verdadeiro nome, realidade insondável e mistério impenetrável! Oh, eu gostaria de aniquilar você... "Alma — visão"! — quem fala de alma e de quem é essa voz? ... Diz-se que agora vejo por mim mesmo que existe uma alma no homem, afinal... eu nego isso. Minha alma, minha alma vital, ou o espírito de vida, expirou com o meu corpo, com a massa cinzenta do meu cérebro. Esse meu "eu", essa consciência, ainda não está provado para mim como eterno. A reencarnação, pela qual o bonzo se sentia tão ansioso, eu deveria acreditar, pode ser verdade... Por que não? A flor não nasce, ano após ano, da mesma raiz? Por isso, esse "eu" uma vez separado de seu cérebro, perdendo seu equilíbrio e evocando uma quantidade tão grande de visões ... antes de reencarnar-se.

Eu estava novamente cara a cara com o inexorável relógio fatal. E enquanto observava os ponteiros, ouvi a voz do bonzo, saindo das profundezas do seu rosto pálido, dizendo: "nesse caso, você teria apenas que, eu receio, abrir e fechar a porta do templo repetidamente, durante um período que, embora curto, pareceria para você uma eternidade"...

O relógio desaparecera, a escuridão abrira espaço para a luz, a voz do meu velho amigo foi afogada por uma multidão de vozes no convés; acordei no meu leito, coberto de um suor frio, e desmaiei de terror.

Estávamos em Hamburgo e, assim que vi meus parceiros, que mal conseguiam me reconhecer, com o assentimento deles e bons votos, parti para Nuremberg.

Meia hora depois da minha chegada, a última dúvida em relação à exatidão da minha visão havia desaparecido. A realidade era pior do que qualquer expectativa que eu poderia ter tido, e eu estava, desde então, fadado à vida mais desolada. Certifiquei-me de que tinha visto a terrível tragédia com todos os seus detalhes comoventes. Meu cunhado, morto sob as rodas de uma máquina; minha irmã, insana, e agora rapidamente afundando em direção ao seu fim; minha sobrinha — a doce flor do mais belo trabalho da natureza — desonrada num covil da infâmia; as criancinhas mortas de uma doença contagiosa em um orfanato; meu último sobrinho sobrevivente no mar, sem que ninguém soubesse onde. Uma casa inteira, um lar de amor e paz, espalhada; e eu, sozinho, testemunha deste mundo da morte, da desolação e da desonra. A notícia me encheu de desespero infinito, e afundei-me desamparado diante do desastre gigantesco e terrível que se levantou diante de mim de uma só vez. O choque foi demasiado, e eu desmaiei. A última coisa que ouvi antes de perder totalmente a consciência foi uma observação do burgomestre:

Se você, antes de sair de Kioto, telegrafasse às autoridades municipais dando conta de seu paradeiro e de sua intenção de voltar para casa para cuidar de seus jovens parentes, poderíamos tê-los colocado em outro lugar e, assim, salvá-los do seu destino. Ninguém sabia que as crianças tinham um parente abastado. Elas foram consideradas pobres e tiveram que ser tratadas como tal. Eram relativamente desconhecidas em Nuremberg e, sob as circunstâncias infelizes, você dificilmente poderia esperar qualquer outra coisa... só posso expressar minha sincera tristeza.

Esse conhecimento terrível de que eu poderia, de qualquer modo, ter salvado minha jovem sobrinha de seu destino imerecido, mas que, por minha negligência, eu não o fizera, estava acabando comigo. Se antes eu tivesse seguido o conselho amigável do bonzo Tamoora e telegrafado às autoridades algumas semanas antes do meu retorno, muito poderia ter sido evitado. Era tudo isso, aliado ao fato de que eu não podia mais duvidar da clarividência e clariaudiência, a possibilidade que eu havia negado por tanto tempo , que me fez arriar tão pesadamente sobre os joelhos. Poderia evitar a censura de meus semelhantes, mas eu nunca poderia escapar do aguilhão de minha consciência, das censuras de meu próprio coração dolorido — não, não enquanto eu vivesse! Amaldiçoei meu ceticismo teimoso, minha negação dos fatos, minha educação precoce, amaldiçoei a mim mesmo e ao mundo inteiro...

Durante vários dias, tentei não me afundar sob minha carga, pois tinha um dever a cumprir, com os vivos e os mortos. Mas, minha irmã uma vez resgatada do hospício, colocada sob os cuidados dos melhores médicos, com sua filha para cuidar de seus últimos momentos, e a judia, que eu fiz para confessar o seu crime, posta na cadeia, minha fortaleza e força de repente me abandonaram. Quase uma semana depois da minha chegada, eu não estava melhor do que um maníaco delirante, indefeso com uma forte febre cerebral. Durante várias semanas fiquei entre a vida e a morte, a terrível doença desafiando a habilidade dos melhores médicos. Por fim, minha forte constituição prevaleceu, e eles me proclamaram salvo, para minha tristeza ao longo da vida.

Ouvi a notícia com o coração sangrando. Condenado a arrastar doravante sozinho o fardo repugnante da vida em remorso constante; não esperando por nenhuma ajuda ou remédio na Terra, e ainda recusando a acreditar na possibilidade de algo melhor do que uma curta sobrevivência da consciência além do túmulo, esse retorno inesperado à vida adicionou apenas mais uma gota de fel a meus amargos sentimentos. Eles foram espicaçados pelo retorno imediato, durante os primeiros dias da minha convalescença, daquelas visões indesejadas e inoportunas, cuja correção e realidade eu não podia mais negar. Dias infelizes! Eles não estavam mais na minha mente cética e cega.

"Os filhos de um cérebro ocioso,

Começo de nada além da vã Fantasia";

Mas sempre os fiéis retratos das desgraças e sofrimentos reais de meus semelhantes, dos meus melhores amigos... Sempre que ficava por um momento sozinho, encontrava-me condenado à tortura desamparada de um Prometeu acorrentado. Durante as horas mortas da noite, como se segurado por uma mão de ferro impiedosa, vi-me conduzido à cabeceira da minha irmã, forçado a vê-la ali hora após hora, e ver a silenciosa desintegração de seu organismo desperdiçado; para testemunhar e sentir os sofrimentos que o seu próprio cérebro desconcentrado não podia mais refletir ou transmitir às suas percepções. Mas havia ainda algo mais horrível para fender o dardo que nunca poderia ser extraído. Eu tinha que olhar, durante o dia, para o rosto inocente e infantil da minha jovem sobrinha, tão sublimemente pura em sua própria profanação; e testemunhar, à noite, como o pleno conhecimento e a lembrança de sua desonra, de sua jovem vida agora demolida para sempre, chegava a ela em seus sonhos, assim que estava dormindo. Os sonhos assumiam uma forma objetiva para mim, como aconteceu no vaporizador; eu tive que vivê-los novamente, noite após noite, e sentir o mesmo terrível desespero. Por enquanto, desde que eu acreditava na realidade da vidência, e cheguei à conclusão de que em nossos corpos está escondido, como na lagarta, a crisálida que pode conter, por sua vez, a borboleta — o símbolo da alma — eu não mais permaneci indiferente, como outrora, ao que testemunhei na minha alma-vida. Algo de repente se desenvolveu em mim, soltou-se de seu casulo gelado. Evidentemente, eu não via mais apenas em consequência da identificação de minha natureza interior com um *daij-djin*; minhas visões surgiram em consequência de um desenvolvimento psíquico pessoal direto, as criaturas diabólicas apenas tomavam cuidado de impedir que eu não visse nada de natureza agradável ou elevada. Assim, agora, não uma dor inconsciente no corpo emaciado de minha irmã agonizante nem uma sensação de horror no sono inquieto da minha sobrinha pela lembrança do crime perpetrado contra ela, uma criança inocente, mas encontrava um eco responsivo no meu coração que sangrava. A fonte profunda de amor e tristeza simpática jorrou do coração físico, e agora era ecoada pela alma desperta separada do corpo. Assim eu tinha que sorver a taça da miséria para os mesmos resíduos! Ai de mim, foi uma tortura diária e noturna! Oh, como eu lamentei a minha loucura orgulhosa; como fui castigado por ter deixado de me valer da purificação oferecida em Kioto, pois agora eu tenho acreditado até mesmo na eficácia da última. O *daij-djin* de fato obteve controle sobre mim; e o demônio soltou todos os cães do inferno sobre a sua vítima...

Por fim, o terrível abismo foi alcançado e atravessado. A pobre mártir insana mergulhou na escuridão e agora recebeu a sepultura, deixando para trás, mas por poucos meses, sua filha jovem, sua primogênita. A tuberculose fez um trabalho curto naquele corpo feminino tenro. Quase um ano depois da minha chegada, fui deixado sozinho no mundo, meu único sobrinho sobrevivente expressou o desejo de seguir sua carreira no mar.

E agora, a continuação da minha triste história será logo contada. Um naufrágio, um homem prematuramente velho, embora tendo trinta era como se sessenta invernos tivessem passado sobre sua cabeça condenada. Devido às visões inesgotáveis, vergava-me diariamente à beira da insanidade e, de repente, tomei uma decisão desesperada. Voltaria para Kioto e procuraria o *yamabooshi*. Eu me prostraria aos pés do homem santo e não o deixaria até que ele lembrasse do Frankenstein que ele criara, o Frankenstein que, na época, era eu, eu mesmo, que não se separava de seu orgulho e descrença insolentes.

Três meses depois eu estava novamente em minha casa japonesa e procurei imediatamente meu velho e venerável bonzo, Tamoora Hideyeri, e implorei que ele me levasse sem uma hora de atraso ao *yamabooshi*, a causa inocente de minhas torturas diárias. Sua resposta acrescentou o último, o supremo lacre em meu destino e multiplicou por dez o meu desespero. O *yamabooshi* havia deixado o país por terras desconhecidas! Ele partira numa bela manhã para o interior, em peregrinação e, segundo o costume, estaria ausente, por não menos que sete anos, a não ser que a morte natural encurtasse o período! ...

Nesse azar, solicitei ajuda e proteção a outros *yamabooshis* instruídos; e embora bem consciente de quão inútil era, no meu caso, buscar a cura eficiente por intermédio de qualquer outro "adepto", meu excelente velho amigo fez tudo o que pôde para me ajudar em meu infortúnio. Mas não adiantava nada, e a lagarta roedora que corroía a minha vida não podia ser totalmente exterminada. Descobri que nenhum desses homens sábios poderia prometer aliviar-me inteiramente do demônio da obsessão clarividente. Foi ele quem criou certos *daij-djns*, chamando-os para mostrarem o futuro ou coisas que já tinham acontecido, quem sozinho tinha controle total sobre eles. Com bondosa simpatia, que agora aprendi a apreciar, os homens santos me convidaram a participar do grupo de discípulos e a aprender com eles o que eu poderia fazer por mim mesmo. "Somente a vontade e a fé em seus próprios poderes da alma podem ajudá-lo agora", disseram eles. "Mas pode levar vários anos para se desfazer uma parte do grande mal", acrescentaram. "Um *daij-djin* é facilmente desalojado no começo; se deixado sozinho, ele toma posse da natureza de um homem e torna-se quase impossível erradicar o demônio sem matar sua vítima."

Convencido de que não havia nada a não ser isso, agradeci, fazendo o meu melhor para acreditar em tudo o que aqueles homens santos acreditavam e, no entanto, sempre falhando em fazê-lo em meu coração. O demônio da incredulidade e da negação total parecia enraizado em mim mais firmemente do que o *daij-djin*. Ainda assim fiz tudo o que podia, decidido como estava a não perder minha última chance de salvação. Por isso, adotei sem demora providências para me libertar do mundo e das minhas obrigações comerciais, a fim de viver por vários anos uma vida independente. Ajustei minhas contas com meus parceiros de Hamburgo e cortei minha conexão com a empresa. Apesar das perdas financeiras consideráveis resultantes de tal liquidação precipitada, percebi-me, depois de encerrar as contas, um homem muito mais rico do que eu pensava que era. Mas a riqueza não tinha mais nenhuma atração para mim, agora que eu não tinha ninguém com quem compartilhar, ninguém para quem trabalhar. A vida se tornou um fardo; e tal era a minha indiferença em relação ao meu futuro que, embora doando toda a minha fortuna ao meu sobrinho, caso ele retornasse vivo de seu viagem marítima, teria mesmo negligenciado inteiramente uma pequena provisão para mim se meu parceiro nativo não tivesse interferido e insistido sobre a necessidade de fazer isso. Eu agora reconheci, com Lao-Tse, que o conhecimento é o único ponto de apoio em que um homem confiar, pois é o único que não pode ser abalado por nenhuma tempestade. A riqueza é uma âncora fraca nos dias de tristeza, e a presunção o mais fatal conselheiro. Por isso, segui o conselho dos meus amigos, e reservei para mim uma quantia modesta que seria suficiente para assegurar-me uma pequena renda pelo resto da vida ou se algum dia deixasse meus novos amigos e instrutores. Tendo resolvido meus relatos terrestres e descartado meus pertences em Kioto, juntei-me aos "mestres da visão longa", que me levaram para sua misteriosa morada. Lá permaneci por vários anos, estudando muito sinceramente e na mais completa solidão, sem ver ninguém além de alguns membros de nossa comunidade religiosa.

Muitos são os mistérios da natureza que eu já compreendi desde então, e devorei muitos manuscritos secretos da biblioteca de *Tzionene*, obtendo assim domínio sobre vários tipos de seres invisíveis de uma ordem inferior. Mas o grande segredo do poder sobre o terrível *daij-djin* que eu não pude obter. Permanece na posse de um número muito limitado dos mais altos iniciados de Lao-Tse, a grande maioria dos próprios *yamabooshis* não sabem como obter domínio sobre o perigoso elemental. Aquele que puder alcançar tal poder de controle deve se tornar inteiramente identificado com os *yamabooshis*, aceitar suas visões e crenças e alcançar o mais alto grau de iniciação. Fui considerado, muito naturalmente, inapto para entrar para a fraternidade devido a muitas razões insuperáveis, além do meu ceticismo congênito e não erradicável, embora eu tenha tentado arduamente acreditar. Assim, parcialmente aliviado de minha aflição e ensinado a conjurar as indesejáveis visões, ainda permaneci, e permaneço até hoje, incapaz de impedir seu aparecimento forçado diante de mim, de vez em quando.

Foi depois de assegurar-me da minha inaptidão para a exaltada posição de vidente e adepto independente que eu desisti, com relutância, de qualquer novo julgamento. Nada havia sido ouvido do homem santo, a primeira causa inocente do meu infortúnio; e o velho bonzo, que ocasionalmente me visitava no retiro, não podia ou não queria me informar do paradeiro do *yamabooshi*. Quando, portanto, tive de desistir da esperança de que ele me libertasse inteiramente do meu presente fatal, resolvi voltar à Europa para me estabelecer na solidão pelo resto da vida. Com esse objetivo em mira, comprei por meio de meus falecidos sócios o chalé suíço no qual minha infeliz irmã e eu havíamos nascidos, onde eu cresci sob os seus cuidados, e o selecionei para minha futura clausura.

Ao me despedir para sempre no vapor que me levou de volta à minha pátria, o bom e velho bonzo tentou me consolar por minhas decepções. "Meu filho", ele disse,

considere tudo o que lhe aconteceu como o seu carma — uma justa retribuição. Ninguém que tenha se submetido voluntariamente ao poder de um *daij-djin* pode esperar se tornar um *rahat* (um *adepto*), *yamabooshi* de grande alma — a menos que seja imediatamente purificado. Na melhor das hipóteses, como no seu caso, a pessoa pode se preparar para se opor e combater com sucesso o demônio. Como uma cicatriz deixada após uma ferida venenosa, a raça de um *daij-djin* nunca pode ser apagada da alma até que seja purificada por um novo renascimento, não se sinta deprimido, mas tenha bom ânimo em sua aflição, pois isso o levou a adquirir conhecimento verdadeiro e a aceitar muitas verdades que, de outra forma, você rejeitaria com desprezo. Deste conhecimento inestimável, adquirido através do sofrimento e dos esforços pessoais — nenhum *daij-djin* o pode privar. Foi bom para você, então, e que a mãe da misericórdia, a grande rainha do céu, lhe dê conforto e proteção.

Nós nos separamos e, desde então, eu levei a vida de uma anacoreta, em constante solidão e estudo. Embora ainda ocasionalmente aflito, não me arrependo dos anos que passei sob a instrução dos *yamabooshis*, mas sinto-me gratificado pelo conhecimento recebido. Do sacerdote Tamoora Hideyeri penso sempre com sincero carinho e respeito. Eu correspondi-me regularmente com ele até o dia de sua morte; um acontecimento que, com todos os detalhes dolorosos para mim, tive o privilégio de testemunhar além dos mares, na hora exata em que ocorreu.

A caverna dos ecos

Uma história estranha, mas verdadeira[1]

Em uma das províncias distantes do Império Russo, numa pequena cidade na fronteira da Sibéria, ocorreu uma misteriosa tragédia há mais de trinta anos. A cerca de seis verstars[2] da pequena cidade de P., famosa pela beleza selvagem de sua paisagem e pela riqueza de seus habitantes - geralmente proprietários de minas e fundições de ferro – erguia-se numa mansão aristocrática. A família que ali morava consistia do proprietário, um velho solteirão rico, e de seu irmão, viúvo e pai de dois filhos e três filhas.

Sabia-se que o proprietário, sr. Izvertzoff, adotara os filhos de seu irmão e por apegar-se de forma especial ao sobrinho mais velho, Nicolas, tornou-o o único herdeiro de suas numerosas propriedades.

O tempo passou. O tio estava ficando velho, o sobrinho estava amadurecendo. Dias e anos se passaram em monótona serenidade, quando, no horizonte até então claro da tranquila família, formou-se uma nuvem. Num malfadado dia, uma das sobrinhas resolveu estudar cítara. Como esse instrumento é de origem puramente teutônica e por não haver nenhum professor dele residindo no bairro, o tio indulgente mandou que se procurasse ambos em São Petersburgo. Depois de uma busca diligente, apenas um professor pôde ser encontrado com disposição de aventurar-se em ir morar em tão estreita

[1] "Esta história baseou-se na narrativa de testemunha ocular, um cavalheiro russo muito piedoso e plenamente digno de crédito. Além disso, os fatos foram copiados dos registros policiais de P. Por razões óbvias, a testemunha ocular em questão atribui o ocorrido, em parte, à interferência divina e, por outra parte, ao Maligno." (H.P.B.)

[2] *Verstar* é uma unidade comprimento russa, en desuso, equivalente a 1066,8m.

proximidade com a Sibéria. Era um velho artista alemão que, compartilhando as suas afeições igualmente entre o seu instrumento e uma linda filha loira, não queria se separar de nenhum dos dois. E, assim, numa bela manhã, o velho professor chegou à mansão com sua caixa de música embaixo de um braço e sua bela Munchen apoiada no outro.

A partir daquele dia, a pequena nuvem começou a crescer rapidamente, pois cada vibração do melodioso instrumento encontrava eco no coração do velho solteirão. A música desperta o amor, segundo dizem, e o trabalho iniciado pela cítara foi completado pelos olhos azuis de Munchen. Ao fim de seis meses, a sobrinha tornou-se uma perita em cítara, e o tio estava desesperadamente apaixonado.

Certa manhã, reunindo sua família adotiva ao seu redor, ele abraçou todos com muito carinho, prometeu lembrá-los em seu testamento e, por fim, declarou sua resolução inalterável de casar-se com a Munchen de olhos azuis. Depois disso, lançou-se aos seus pescoços e chorou em silencioso êxtase. A família, entendendo que a herança lhes escapava, também chorou, mas foi por outra causa. Tendo assim chorado, eles se consolaram e tentaram se alegrar, pois o velho cavalheiro era amado sinceramente por todos. Nem todos se alegraram, no entanto. Nicolas, que fora atingido no coração pela bela alemã e que se vira privado, ao mesmo tempo, de sua bela e do dinheiro de seu tio, não se regozijou nem se consolou, tendo até desaparecido por um dia inteiro.

Nesse ínterim, o sr. Izvertzoff mandou que lhe preparassem a sua carruagem de viagem para o dia seguinte, havendo sussurros de que ele estava indo para a capital do distrito, um tanto distante de sua casa, com a intenção de alterar sua vontade testamentária. Ainda que muito rico, ele não tinha administrador em sua propriedade, e ele próprio mantinha seus livros contábeis. Na mesma noite, depois do jantar, ouviram-no, em seu quarto, repreender furiosamente o seu servo que, por mais de trinta anos, estivera a seu serviço. Este homem, Ivã, era natural do norte da Ásia, de Kamschatka. Ele havia sido educado pela família na religião cristã e era considerado muito ligado ao seu patrão. Alguns dias depois, quando a primeira circunstância trágica que estou prestes a relatar trouxe para aquele local toda a força policial, foi lembrado que, naquela noite, Ivã estava bêbado e que seu mestre, que tinha horror ao vício da bebida, espancara-o paternalmente e o expulsara de seu aposento, e que Ivã fora visto saindo pela porta proferindo ameaças.

No vasto domínio de Izvertzoff, havia uma curiosa caverna que despertava a curiosidade de todos que a visitavam. Ela existe até hoje e é bem conhecida de todos os habitantes de P. Um bosque de pinheiros, que começa a poucos metros do portão do jardim, sobe em ladeiras íngremes até uma vasta extensão de colinas rochosas, às quais cinge com um amplo cinturão de vegetação impenetrável. A galeria que leva à caverna, conhecida como a "caverna dos ecos", está situada a cerca de 800 metros da mansão, de onde aparenta ser uma pequena escavação na encosta, quase escondida por plantas luxuriantes, mas não tão completamente a ponto de impedir que qualquer pessoa que entrasse nela pudesse ser vista facilmente do terraço em frente à casa. Ao entrar na gruta, o explorador encontra uma fenda estreita no fundo. Passado pela fena, ele emerge em uma alta caverna, debilmente iluminado por fissuras no teto abobadado, a quinze metros do chão. A caverna em si é imensa e poderia conter facilmente entre duas e três mil pessoas. Uma parte dela, nos dias do Sr. Izvertzoff, era pavimentada com lajes e usada frequentemente no verão como um salão de baile durante piqueniques. De um oval irregular, ela estreita-se gradualmente em um longo corredor, que se estende por vários quilômetros abaixo, abrindo aqui e ali em outras câmaras, tão grandes e altas quanto o salão de baile. Mas, ao contrário deste, são intransponíveis, a não ser por barco, pois estão sempre cheios d'água. Essas bacias naturais têm a reputação de serem insondáveis.

Na margem da primeira delas há uma pequena plataforma com vários assentos rústicos coberta de musgos, e é deste ponto que são ouvidos, em toda a sua estranheza, os ecos fenomenais que dão nome à caverna. Uma palavra sussurrada e até mesmo um suspiro são captados por vozes zombeteiras sem fim e, em vez de diminuir de volume, como fazem os ecos normais, o som fica cada vez mais alto a cada repetição sucessiva, até que irrompe finalmente como a repercussão de um tiro de pistola e recua em um lamento melancólico pelo corredor.

No dia em questão, o Sr. Izvertzoff mencionou sua intenção de dar um baile nesta caverna no seu casamento, que ele tinha fixado para uma data próxima. Na manhã seguinte, enquanto se preparava para viajar, ele foi visto por sua família entrando na gruta, acompanhado apenas por seu criado siberiano. Meia hora depois, Ivan retornou à mansão para buscar uma tabaqueira que seu patrão havia esquecido e, com ela, voltou à gruta. Passada mais uma hora, toda a casa foi surpreendida por seus gritos altos. Pálido e pingando água, Ivan precipitou-se casa a dentro como um louco e declarou que o Sr. Izvertzoff não estava em nenhum lugar na caverna. Pensando que havia caído no lago, mergulhou na primeira bacia em busca dele e quase se afogou.

O dia passou em tentativas vãs de encontrar o corpo. A polícia encheu a casa, e o mais desesperado parecia ser Nicolas, o sobrinho, que ao voltar para casa se deparou com as tristes notícias.

Uma suspeita sombria recaiu sobre Ivan, o siberiano. Ele havia sido castigado por seu amo na noite anterior e tinham-no ouvido jurar vingança. Só Ivan acompanhara o amo até a caverna e, quando o seu aposento foi revistado, encontrou-se debaixo da cama uma caixa cheia de joias preciosas da família, que se sabe terem sido cuidadosamente guardadas no apartamento de Izvertzoff. Em vão, o servo tomou Deus como testemunha, afirmando que a caixa lhe fora confiada pelo próprio amo pouco antes de irem para a caverna e que era intenção do patrão mandar reformar as joias que ele pretendia dar de presente de casamento à sua noiva; e ele, Ivã, daria de bom grado a sua própria vida em troca da do seu amo, caso ele estivesse morto. Não se lhe deu, no entanto, nenhuma atenção, e ele foi preso e posto no cárcere sob acusação de assassinato. Lá ele foi deixado, pois, sob a lei russa, um criminoso não podia – pelo menos naquela época - ser condenado por um crime, por mais conclusivo que fosse a evidência circunstancial, a menos que ele confessasse sua culpa.

Depois de uma semana de busca inútil, a família trajava rigoroso luto. E como o testamento original não fora modificado, toda a propriedade passou para as mãos do sobrinho. O velho professor e sua filha suportaram com a verdadeira fleuma germânica esse súbito reverso da sorte e prepararam-se para partir. Colocando novamente sua cítara debaixo do braço, o ancião estava prestes a partir com sua Munchen quando o sobrinho o deteve, oferecendo-se para o marido da bela donzela em substituição ao seu tio falecido. A mudança foi considerada favorável e, sem muita demora, os jovens se casaram.

Dez anos se passaram e encontramos a família feliz mais uma vez no começo de 1859. A linda Munchen tinha se tornado gorda e vulgar. Desde o dia do desaparecimento do velho tio, Nicolas se tornara rabugento e retraído em seus costumes, e muitos se admiraram com tal mudança, pois não era mais visto sorrindo. Parecia que seu único objetivo na vida era descobrir o assassino de seu tio, ou melhor, fazer com que Ivã confessasse a sua culpa. Mas o homem persistia em se declarar inocente.

Um único filho nascera do jovem casal, e era uma criança estranha. Pequeno, delicado e sempre enfermo, a sua vida frágil parecia estar por um fio. Quando as suas feições estavam em repouso, sua semelhança com o tio era tão surpreendente que os membros da família muitas vezes se afastavam dele com terror. O rosto era pálido e enrugado como de um homem de sessenta anos nos ombros de uma criança de nove anos. Nunca foi visto rindo ou brincando, mas, empoleirado em sua cadeira alta, sentava-se gravemente ali, cruzando os braços de uma forma peculiar ao falecido Sr. Izvertzoff; e permanecia assim por horas, sonolento e imóvel. Suas amas eram vistas frequentemente benzendo-se furtivamente quando se aproximavam dele à noite, e nenhuma delas concordava em dormir sozinha com ele no seu dormitório. O comportamento de seu pai em relação a ele ainda era mais estranho. Ele parecia amá-lo apaixonadamente e, ao mesmo tempo, odiá-lo amargamente. Raramente abraçava ou acariciava a criança, mas com a face lívida e o olhar fixo, passava longas horas observando-a, enquanto a criança sentava-se calmamente em seu canto, à maneira antiquada de um duende. Ela nunca saíra da propriedade, e poucos fora da família sabiam de sua existência.

Em meados de julho, um viajante húngaro, precedido por grande reputação de excentricidade, riqueza e poderes misteriosos, chegou à cidade de P., vindo do Norte, onde residia há muitos anos, segundo se dizia. Estabeleceu-se na cidadezinha em companhia de um xamã, ou mago, do sul da Sibéria, com quem, se dizia, praticava experimentos de mesmerismo. Deu jantares e festas e exibiu invariavelmente seu xamã, de quem se sentia muito orgulhoso por divertir os seus convidados. Um dia, os notáveis de P. invadiram inesperadamente os domínios de Nicolas Izvertzoff e solicitaram o empréstimo de sua caverna para um entretenimento noturno. Nicolas consentiu com grande relutância, e só depois de hesitação ainda maior foi que ele conseguiu em comparecer à festa.

A primeira caverna e a plataforma ao lado do lago sem fundo brilhavam com as luzes. Centenas de velas e tochas bruxuleantes, presas nas fendas das rochas, iluminavam o local e afugentavam as sombras dos cantos e recantos cobertos de musgo, onde haviam permanecido imperturbáveis por muitos anos. As estalactites nas paredes brilhavam intensamente, e os ecos adormecidos foram repentinamente despertados por uma alegre confusão de risadas e conversas. O xamã, a quem seu amigo e patrono nunca perdera de vista, sentou-se em um canto, fascinado como de costume. Agachado em uma rocha saliente, a meio caminho entre a entrada e a água, com seu rosto amarelo-limão e enrugado, nariz achatado e barba rala, parecia mais um horrível ídolo de pedra que um ser humano. Muitos do grupo apertavam-se ao seu redor e recebiam respostas corretas às suas perguntas, pois o húngaro submetia de bom grado o seu "súdito" hipnotizado ao interrogatório.

De repente uma das pessoas do grupo, uma senhora, observou que foi nesta mesma caverna que o velho Sr. Izvertzoff desaparecera tão inexplicavelmente dez anos antes. O estrangeiro pareceu interessado e desejou saber mais sobre as circunstâncias, de modo que Nicolas foi procurado em meio à multidão e conduzido diante do grupo ansioso. Ele era o anfitrião e achava impossível recusar-se a fazer a narrativa exigida. Repetiu o triste conto com uma voz trêmula, semblante pálido, e lágrimas foram vistas brilhando em seus olhos febris. Os assistentes sentiram-se grandemente afetados, e o comportamento encantador do sobrinho carinhoso honrando a memória de seu tio e benfeitor circulava livremente em sussurros, quando de repente a voz de Nicolas ficou retida na garganta, os seus olhos pareciam querer sair das órbitas e, com um gemido rouco, cambaleou para trás. Os olhares da multidão seguiram com curiosidade o seu olhar aterrorizado que permaneceu fixo e cravado em um rostinho enfraquecido que assomava por atrás do húngaro.

"De onde você vem? Quem te trouxe aqui, criança?" balbuciou Nicolas, tão pálido quanto a morte.

"Eu estava na cama, papai; este homem veio até mim e trouxe-me aqui em seus braços", respondeu o menino com naturalidade, apontando para o xamã, ao lado de quem se achava na rocha, o qual, com os olhos fechados, mantinha-se balançando para lá e para cá como um pêndulo vivo.

"Isto é muito estranho", comentou um dos convidados, "pois este homem nunca saiu de seu lugar".

"Bom Deus! Que extraordinária semelhança!" resmungou um velho morador da cidade, um amigo do homem desaparecido.

"Você mente, menino!" exclamou ferozmente o pai. "Vá para a cama, isto não é lugar para você."

"Venha, venha", interpôs o húngaro, com uma expressão estranha no rosto e envolvendo num abraço a esbelta figura infantil. "O garotinho viu o duplo do meu xamã, que vaga, às vezes, a grandes distâncias de seu corpo, e confundiu o fantasma com o próprio homem. Deixe-o ficar conosco por um tempo."

Diante dessas palavras estranhas, os convidados entreolhavam-se em muda surpresa, enquanto alguns faziam piamente o sinal da cruz, cuspindo para o lado, presumivelmente para o diabo e todas as suas obras.

"Por acaso", continuou o húngaro com a firmeza peculiar de seu sotaque, e dirigindo-se a todos em vez de a qualquer um em particular, "Por que não devemos tentar, com a ajuda do meu xamã, desvendar o mistério que paira sobre a tragédia? A parte suspeita ainda está na prisão? O quê? Ele não confessou até agora? Isso certamente é muito estranho. Mas agora vamos saber a verdade em alguns minutos! Vamos ficar calados!"

Ele então se aproximou do *tebuktchene* e começou imediatamente sua performance sem pedir consentimento ao dono do lugar. Este estava enraizado no local, como se estivesse petrificado de horror e incapaz de articular uma palavra. A sugestão obteve aprovação geral, exceto a dele, e a ideia foi aprovada especialmente pelo inspetor de polícia, coronel S.

"Senhoras e senhores", disse o mesmerizador em tons suaves, "permitam-me que isso ocorra de forma diferente da minha maneira usual. Vou empregar o método da magia nativa. É mais apropriado para este lugar inóspito e muito mais eficaz, como vocês vão ver, do que o nosso método europeu de magnetização."

Sem esperar resposta, ele tirou de uma bolsa que sempre trazia consigo um pequeno tambor primeiramente e, depois, dois pequenos frascos: um cheio de fluido, e outro vazio. Com o conteúdo do primeiro, aspergiu o xamã, que começou a tremer e balançar-se mais violentamente que nunca. O ar estava cheio do perfume de odores picantes, e a própria atmosfera parecia se tornar mais clara. Então, para horror dos presentes, aproximou-se do tibetano e, tirando um pequeno punhal do bolso, enfiou o aço afiado no antebraço do homem, tirando sangue, que colheu no frasco vazio. Quando estava pela metade, apertou o orifício da ferida com o polegar e interrompeu o fluxo de sangue com tanta facilidade como se tivesse colocado rolha numa garrafa, depois do que borrifou o sangue sobre a cabeça do menino. Na sequência, pendurou o tambor no pescoço e, com duas baquetas de marfim cobertas com letras e sinais mágicos, começou a bater uma espécie de alvorada para atrair os espíritos, como ele disse.

Os espectadores, meio surpresos e aterrorizados por esses procedimentos extraordinários, cercaram-no ansiosamente e, por alguns instantes, reinou um silêncio mortal por toda a caverna. Nicolas, com o rosto lívido como o de um cadáver, permanecia sem articular sequer uma palavra. O mesmerizador havia se colocado entre o xamã e a plataforma, quando começou a tamborilar lentamente. As primeiras notas foram abafadas e vibraram tão suavemente no ar que não despertaram nenhum eco, mas o xamã acelerou seu movimento pendular, e o menino inquietou-se. O baterista começou, então, um canto lento, baixo, impressionante e solene.

À media que as palavras desconhecidas saíam de seus lábios, as chamas das velas e tochas tremeluziam e flutuava, até que começaram a dançar no compasso do canto. Um vento frio soprava dos corredores escuros além da água e deixava um eco melancólico em sua trilha. Então, uma espécie de vapor nebuloso, parecendo escoar do chão rochoso e das paredes, reuniu-se em torno do xamã e do menino. Ao redor deste último, a aura era prateada e transparente, mas a nuvem que envolvia o primeiro era vermelha e sinistra. Aproximando-se mais da plataforma, o mago deu um redobre mais forte no tambor e, dessa vez, o eco pegou-o produzindo efeito terrificante! Reverberava perto e longe em incessantes picos; a um gemido mais alto e mais alto seguia-se outro, até que um rugido de trovão parecendo o coro de mil vozes demoníacas elevou-se das profundezas insondáveis do lago. A própria água, cuja superfície iluminada por muitas luzes tinha estado até agora lisa como uma lâmina de vidro, tornou-se repentinamente agitada, como se uma forte rajada de vento tivesse varrido sua superfície serena. Outro canto e outra rufada de tambor, e a montanha tremeu até a base, como se formidáveis canhonaços fossem disparados pelos corredores escuros e intermináveis. O corpo do xamã elevado a dois metros no ar, com a cabeça balançando-se de lado para o outro, permanecia sentado, suspenso como uma aparição. Mas a transformação que agora se operava no garoto gelava a todos que presenciavam a cena. Agora, a nuvem prateada sobre o menino parecia erguê-lo também no ar. Mas, ao contrário do xamã, os seus pés nunca deixaram o chão. A criança começou a crescer, como se o trabalho de anos fosse realizado miraculosamente em poucos segundos. Ele ficou alto e grande, e as suas feições senis ficaram mais velhas simultaneamente com o seu corpo.

Mais alguns segundos, e a forma jovem havia desaparecido completamente. Fora totalmente absorvida em outra individualidade e, para horror dos presentes que conheciam sua aparência, essa individualidade era a do velho sr. Izvertzoff, e em sua têmpora havia uma grande ferida aberta de onde saíam grossas gotas de sangue.

Este fantasma foi até Nicolas, até ficar bem à sua frente, enquanto ele, com os pelos eriçados e olhar de louco, fitava o próprio filho, transformado em tio. O silêncio sepulcral foi quebrado pelo húngaro que, dirigindo-se à criança fantasma, perguntou-lhe com voz solene: "Em nome do Grão-mestre, d'Aquele que tudo pode, diga-nos a verdade e nada mais que a verdade. Espírito intranquilo, você se perdeu por acidente ou foi violentamente assassinado?"

Os lábios do espectro se moveram, mas foi o eco que respondeu em seu lugar com gritos lúgubres: "Assassinado! As--sas-si-na-do! Assassinado!"

"Onde? Como? Por quem?" perguntou o conjurador.

A aparição apontou o dedo para Nicolas e, sem retirar o olhar ou abaixar os braços, recuou lentamente para o lago. A cada passo, o jovem Izvertzoff, como se estivesse obrigado por algum fascínio irresistível, avançou um passo em direção a ele, até que o fantasma alcançou o lago e o prosseguiu deslizando em sua superfície. Foi uma cena horripilante e fantasmagórica!

Quando chegou a dois passos da beira do abismo de água, uma violenta convulsão agitou o corpo do culpado. Jogando--se de joelhos, agarrou-se em desespero a um dos assentos rústicos e, olhando loucamente, soltou um longo grito agudo de agonia. O fantasma permaneceu imóvel sobre a água e, curvando o dedo estendido, fez lentamente sinal para que ele se aproximasse. Agachado em um terror abjeto, o miserável homem gritou até que a caverna ressoou de novo e de novo: "Não fui eu ... Não, eu não matei você!"

Percebeu-se então um borrifo, e agora era o menino que estava na água escura lutando por sua vida no meio do lago, sendo vista a terrível aparição inclinada sobre ele.

"Papai! Papai! Salve-me ... eu estou me afogando!"... gritou uma voz débil em meio ao tumulto dos ecos zombeteiros.

"Meu garoto!" gritou Nicolas, na entonação de um maníaco, pondo-se de pé. "Meu filho! Salve-o! Oh, salve-o!... Sim, confesso ... sou o assassino ... Fui eu quem o matou!"

Mais respingos, e o fantasma desapareceu. Com gritos de horror, os circunstantes correram para a plataforma. Mas, os seus pés ficaram repentinamente cravados no chão quando viram, em meio a turbilhões rodopiantes, uma massa disforme e esbranquiçada enlaçando o assassino e o menino num abraço apertado, e afundando lentamente no lago insondável...

Na manhã seguinte a essas ocorrências, quando, após uma noite sem dormir, parte do grupo visitou a residência do cavalheiro húngaro, encontraram-na fechada e deserta. Ele e o xamã haviam desaparecido. Muitos estão entre os antigos habitantes de P. que se lembram dele. O inspetor de polícia, coronel S., morreu há alguns anos com a plena certeza de que o nobre viajante era o diabo. Para aumentar a consternação geral, a mansão Izvertzoff incendiou-se naquela mesma noite e foi completamente destruída. O arcebispo realizou a cerimônia de exorcismo, mas o local é considerado amaldiçoado até hoje. O governo investigou os fatos... e ordenou silêncio.

O escudo luminoso

Éramos um grupo pequeno e seleto de viajantes despreocupados. Havíamos chegado a Constantinopla uma semana antes, vindos da Grécia, e passeávamos catorze horas por dia, desde então, subindo e descendo as íngremes ladeiras de Pera, visitando bazares, empoleirando-se no topo de minaretes e abrindo caminho em meio a exércitos de cães famintos, os donos tradicionais das ruas de Istambul. A vida nômade é contagiosa, como dizem, e nenhuma civilização é suficientemente forte para destruir o encanto da liberdade desenfreada quando já foi provada. O cigano não pode viver sem a sua tenda, e até mesmo o mendigo comum encontra um fascínio em sua existência sem conforto e precária que o impede de adotar qualquer morada ou ocupação fixas. Evitar que meu perdigueiro Ralph caísse vítima desse contágio e se juntasse aos beduínos da sua espécie que infestam as ruas era minha principal preocupação durante nossa estada em Constantinopla. Ele era um bom camarada, meu companheiro constante e querido amigo. Com medo de perdê-lo, mantive uma vigilância rigorosa sobre seus movimentos. Nos primeiros três dias, porém, ele se comportou como um quadrúpede razoavelmente bem educado e permaneceu fielmente junto aos meus calcanhares. A cada ataque impudente de seus primos maometanos, quer fosse uma demonstração de hostilidade ou amizade, sua única resposta era pôr o rabo entre as pernas e, com um ar de modesta dignidade, procurar proteção de um ou outro do nosso grupo.

Como ele se manteve assim desde o princípio, mostrando decidida aversão a má companhia, comecei a confiar na sua discrição e, até o final do terceiro dia, já tinha relaxado consideravelmente minha vigilância. Esse descuido de minha parte, no entanto, levou-me a ser logo punida, e fui levada a lamentar meu excesso de confiança. Em um momento de descuido, ele ouviu a voz de alguma sereia de quatro patas, e a última coisa que vi dele foi a ponta de sua cauda peluda desaparecendo na esquina de um beco pequeno e sujo.

Muito irritada, passei o resto do dia numa busca infrutífera por meu companheiro mudo, tendo oferecido vinte, trinta, quarenta francos de recompensa a quem o achasse. Uma corja de vagabundos começou imediatamente uma perseguição regular e, à noitinha, o nosso hotel foi invadido por toda a tropa, cada homem trazendo em seus braços o seu cão sarnento, tentando me persuadir de que era o meu cachorro perdido. Quanto mais eu negava, mais solenemente eles insistiam. Um deles, de fato, se ajoelhou e arrancou de seu peito uma velha e corroída imagem de metal da Virgem, jurando solenemente que a própria Rainha do Céu havia lhe aparecido gentilmente para indicar-lhe qual era o verdadeiro o animal. O tumulto havia aumentado tanto que parecia que o desaparecimento de Ralph seria a causa de um pequeno motim, até que nosso hoteleiro precisou mandar vir finalmente dois *kavasses* [policiais] da delegacia de polícia mais próxima para expulsar esse regimento de bípedes e quadrúpedes por meio da força. Comecei a convencer-me de que jamais voltaria a ver o meu cão e fiquei ainda mais desanimada depois que o porteiro do hotel, um velho bandido semirrespeitável que, a julgar pelas aparências, não tinha passado menos que meia dúzia de anos na cadeia, assegurou-me que todo o meu sofrimento era inútil, já que meu perdigueiro estava, a essa altura, morto e devorado pelos cães turcos, que gostam muito de seus irmãos ingleses, mais apetitosos.

Toda essa discussão havia ocorrido na rua, à porta do hotel, e eu estava prestes a desistir da busca, pelo menos por aquela noite e entrar no hotel, quando uma velha senhora grega, uma *fanariote*[1] que ouvira a confusão dos degraus de

[1] Encontramos, na Wikipédia, a informação de que os *phanariots*, ou *phanariot* (em grego, *phanariotes*), eram membros de famílias aristocráticas gregas que

uma porta próxima, aproximou-se de nosso grupo desconsolado e sugeriu à srta. H..., uma pessoa de nosso grupo, que consultássemos os dervixes sobre o destino de Ralph.

E o que os dervixes podem saber sobre o paradeiro do meu cachorro? disse eu sem humor para brincar, parecendo-me ridícula a proposta.

"Os homens santos sabem tudo, *Kyrea* (Madame)", objetou a anciã um tanto misteriosamente. "Na semana passada tive roubado o xale novo de cetim que meu filho tinha acabado de trazer de Bursa, o qual, como todos veem, eu recuperei e o tenho nas minhas costas agora."

"Realmente? Então, a julgar pela aparência, os homens santos também conseguiram transformar em velho o seu xale novo", acrescentou um dos cavalheiros que nos acompanhava, apontando enquanto falava para um grande remendo preso com alfinetes no xale nas costas da anciã.

"E essa é justamente a parte mais maravilhosa de toda a história", retrucou calmamente a *fanariote* com altivez. "Eles me mostraram, no círculo brilhante (*shining circle*, no original),[2] o bairro da cidade, a casa e até o quarto em que o judeu que havia roubado minha peliça estava prestes a rasgá-la e cortá-la em pedaços. Meu filho e eu mal tivemos tempo de correr para o bairro de Kalindjikoulosek e salvar a minha propriedade. Nós pegamos o ladrão no ato, e nós dois o reconhecemos como o homem mostrado a nós pelos dervixes na lua mágica. Ele confessou o roubo e agora está na prisão."

Embora nenhum de nós tivesse a menor ideia do que ela queria dizer com a lua mágica e o círculo brilhante, estávamos completamente perplexos com a sua descrição dos poderes divinos dos "homens santos" e sentíamo-nos, ainda assim, confiantes de que a sua história não era de todo uma invenção, e como ela aparentemente recuperara a sua propriedade ao ser assistida, de algum modo, pelos dervixes, decidimos ir

viviam no distrito de Fanari (Phanar). Este era o principal distrito dos gregos em Constantinopla, onde estava a sede do Patriarcado Ecumênico de Constantinopla. Os fanariotes dominavam a administração do Patriarcado e frequentemente intervinham na eleição dos altos prelados, incluindo o Patriarca Ecumênico de Constantinopla, que tinha o status de "Primeiro entre pares" no mundo dos bispos ortodoxos. (N.T.)

[2] *Shining circle* no original, uma espécie de espelho mágico – (N.T.)

na manhã seguinte conferir tudo por nós mesmos, pois o que a ajudara poderia nos ajudar de igual maneira.

O grito monótono dos muezins do alto dos minaretes acabara de proclamar a hora do meio-dia, quando nós, descendo da colina de Pera até o porto de Gálata, conseguimos, com dificuldade, abrir caminho entre a multidão repulsiva do bairro comercial da cidade. Antes de chegarmos às docas, ficamos meio ensurdecidos pelos gritos e incessantes clamores e pela confusão de línguas daquela Babel. Nessa parte da cidade, é inútil tentar orientar-se pelo número de casas ou pelo nome de ruas. A localização de qualquer lugar desejado é indicada por sua proximidade com algum outro edifício mais conhecido, uma mesquita, um banho turco ou uma loja europeia; de resto, é confiar em Alá e no seu profeta.

Foi com a maior dificuldade, portanto, que finalmente descobrimos a loja de artigos importados britânicos, atrás da qual encontramos o local de nosso destino. O guia do nosso hotel sabia tão pouco sobre a morada dos dervixes quanto nós mesmos. Mas, por fim, um garoto grego, em toda a singela nudez nativa, consentiu em levar-nos aos dervixes dançarinos, mediante o pagamento de uma modesta moeda de cobre.

Quando chegamos, fomos levados a um salão vasto e sombrio que parecia um estábulo vazio. O piso era comprido e estreito e estava densamente coberto de areia como numa escola de equitação. Era iluminado apenas por pequenas janelas colocadas bem no alto. Os dervixes tinham terminado suas performances matinais e evidentemente descansavam de seus cansativos trabalhos. Eles pareciam totalmente extenuados, alguns deitados nos cantos, outros sentados em seus calcanhares olhando vagamente para o espaço, meditando, como fomos informados, sobre a sua divindade invisível. Eles pareciam ter perdido a visão e a audição, pois nenhum deles respondia às nossas perguntas, até que uma figura grande e esquelética, usando um grande turbante, que a fazia parecer ter pelo menos dois metros de altura, emergiu de um canto escuro. Informando-nos que era o superior daquela comunidade, o gigante deu-nos a entender que os santos irmãos, tendo o hábito de receber ordens do próprio Alá para cerimônias adicionais, não deveriam ser perturbados de forma alguma. Mas, quando nosso intérprete lhe explicou o objetivo de nossa visita, que dizia respeito somente a ele, pois que era o único guardião da "vara divinatória", suas objeções desapareceram, e ele estendeu a mão para pedir a esmola de praxe. Após ser gratificado, sugeriu que apenas a duas pessoas de nossa comitiva poderia ser revelado o futuro, tendo sido escolhidos a srta. H e eu.

Mergulhando atrás dele no que parecia ser uma passagem semissubterrânea, fomos levados até o pé de uma escada alta que conduzia a uma câmara sob o telhado. Subimos atrás de nosso guia e, no topo, nos encontramos em um sótão miserável de tamanho moderado, com paredes nuas e sem mobília. O chão estava coberto por espessa camada de poeira, e teias de aranha enfeitavam as paredes numa confusão negligenciada. No canto, vimos algo que, a princípio, confundi com um monte de farrapos velhos; mas a pilha de trapos se moveu e se apoiou nas próprias pernas, avançou até o meio da sala e parou diante de nós, a criatura de aparência mais extraordinária que já vi. Seu sexo era feminino, mas se era mulher ou criança, era impossível decidir. Era uma anã de aparência medonha, com uma cabeça enorme, os ombros de um granadeiro e uma cintura proporcional. O todo sustentado por duas pernas curtas e magras, como se fossem de aranha, pareciam incapazes de suportar o peso do corpo monstruoso. Ela tinha um semblante sorridente como o rosto de um sátiro e estava ornamentado com letras e sinais do Alcorão pintados de amarelo vivo. Na sua fronte havia um crescente vermelho-sangue; a sua cabeça era coroada com um barrete, ou fez, empoeirado; suas pernas estavam vestidas com grandes bombachas turcas; um pouco de musselina branca e suja enrolada em seu corpo mal dava para esconder as suas horríveis deformidades. Essa criatura, mais do que se sentar, deixou-se cair no meio do piso, e quando seu peso desceu sobre as tábuas frágeis, enviou uma nuvem de poeira que nos fez tossir e espirrar. Era a famosa Tatmos, conhecida como o oráculo de Damasco!

Sem perder tempo em conversas fúteis, o dervixe pegou um pedaço de giz e traçou um círculo com cerca de um metro e oitenta de diâmetro ao redor da menina. Tirando de trás da porta doze pequenas lâmpadas de cobre, ele as encheu com um líquido escuro de uma pequena garrafa que ele retirou de seu peito, colocando-as simetricamente ao redor do círculo mágico. Ele, então, tirou um pedaço de madeira de um painel da porta meio arruinada, a qual trazia as marcas de muitas depredações semelhantes, e, segurando a lasca entre o polegar e o dedo indicador, começou a soprá-la em intervalos regulares, alternando o sopro com murmúrios de algum tipo de encantamento estranho, até que de repente, e sem qualquer causa aparente para o ocorrido, surgiu uma faísca na lasca que começou a arder como se fosse um fósforo aceso. O dervixe acendeu então as doze lamparinas com esta chama autogerada.

Durante esse processo, Tatmos, que até então estava sentada totalmente despreocupada e imóvel, tirou os chinelos amarelos dos pés descalços e jogou-os em um canto, revelando uma beleza adicional: um sexto dedo em cada um dos pés deformados. O dervixe, por sua vez, entrou no círculo e agarrou os tornozelos da anã, dando-lhe um solavanco, erguendo-a do chão como se estivesse levantando uma sacola de milho e, então, recuando um passo, segurou-a de cabeça para baixo. Ele a sacudiu como se fosse um saco de embalagem, num movimento regular e calmo. Então, girou-a para lá e para cá como se fosse um pêndulo, até que o impulso necessário fosse adquirido, quando soltou um pé e agarrou o outro com ambas as mãos e, fazendo um poderoso esforço muscular, girou-a no ar como se ela fora um clube indiano.[3]

Minha acompanhante recuou sobressaltada para o canto mais distante. Girando e girando, o dervixe balançava o seu fardo vivo, enquanto ela permanecia perfeitamente passiva. A rapidez do movimento aumentou até que o olho mal podia seguir o corpo em seu circuito. Isso continuou talvez por uns dois ou três minutos, até que, reduzindo gradualmente o movimento, ele finalmente parou e, em um instante, colocou a garota de joelhos no meio do círculo iluminado por uma

[3] Clubes indianos formavam um equipamento de exercício típico do século XIX, que consistia de tacos de madeira em forma de pino de boliche, de tamanhos e pesos variados, que eram balançados pelo atleta segundo certos padrões como parte de um programa de exercícios de força e mobilidade. (N.T.)

lamparina. Tal era o modo oriental de mesmerização praticado entre os dervixes.

E agora a anã parecia inteiramente alheia aos objetos externos e em transe profundo. Sua cabeça e o queixo caíram sobre o peito, seus olhos estavam vidrados e fixos, e a sua aparência geral era ainda mais horrorosa do que antes. O dervixe então fechou cuidadosamente as venezianas da única janela, e teríamos ficado na total escuridão se não fosse um furo na janela, através do qual entrava um raio luminoso de Sol que atravessava a sala escura e brilhava sobre a garota. Ele arrumou a cabeça caída para que o raio incidisse sobre a coroa, após o que, fazendo-nos sinal para permanecer em silêncio, cruzou os braços sobre o peito e, fixando o olhar no ponto luminoso, ficou imóvel como uma estátua de pedra. Eu também fixei meus olhos no mesmo lugar, imaginando o que aconteceria em seguida e como toda essa estranha cerimônia se realizara para me ajudar a encontrar Ralph.

Gradativamente, a mancha brilhante, como se tivesse sugado do raio de sol um esplendor ainda maior vindo de fora e condensado-o dentro de sua própria área, transformou-se numa estrela brilhante que enviava raios em todas as direções a partir de um foco.

Ocorreu, então, um curioso efeito óptico: a sala, que antes era parcialmente iluminada pelo raio de sol, tornou-se mais e mais escura à medida que a estrela crescia em esplendor, até nos encontrarmos numa escuridão egípcia.[4] A estrela cintilou, tremeu e girou, primeiro com um movimento lento, depois mais e mais rápido, aumentando sua circunferência a cada rotação até formar um disco brilhante, e não mais víamos a anã, que parecia ter sido absorvida por sua luz. Tendo gradualmente atingido uma velocidade extremamente rápida, tal como acontecera à garota quando girada pelo dervixe, o movimento começou a diminuir e finalmente se fundiu numa vibração fraca, como o brilho dos raios do luar na água ondulante. Então, piscou por um momento a mais, emitiu os últimos *flashes* e, assumindo a densidade e a iridescência de uma imensa opala, permaneceu imóvel. O disco irradiava agora um

[4] Uma provável referência à nona praga do Egito, descrita em Êxodo 9:21, que consistiu de três dias de total escuridão, "trevas que se podiam apalpar." (N.T.)

brilho lunar, suave e prateado; mas, em vez de iluminar o sótão, parecia apenas intensificar a escuridão. A borda do círculo não era penumbrosa; mas, pelo contrário, era bem definida como a de um escudo de prata.

Estando tudo pronto agora, o dervixe, sem dizer uma palavra e sem desviar o olhar do disco, estendeu a mão e pegou a minha; ele me puxou para o seu lado e apontou para o escudo luminoso. Olhando para o lugar indicado, vimos grandes manchas surgirem, como as da lua. Estas gradualmente transformaram-se em figuras que começaram a se mover em alto relevo em suas cores naturais. As figuras não pareciam fotografia nem gravura e ainda menos o reflexo de imagens num espelho; mas era como se o disco fosse um camafeu, e elas tivessem três dimensões, levantadas acima de sua superfície e dotadas de vida e movimento. Para meu espanto e comoção de minha amiga, reconhecemos a ponte que leva de Gálata a Istambul, atravessando o Corno de Ouro, da cidade nova para a velha. Havia pessoas correndo de um lado para o outro, vapores e caíques alegres deslizando no Bósforo azul, muitos edifícios coloridos, vilas e palácios refletidos na água; e toda a imagem iluminada pelo Sol do meio-dia. A imagem era panorâmica, e tão vívida era a impressão que causava que não saberíamos dizer se era aquilo que se movia ou éramos nós que estávamos em movimento. Tudo era azáfama e vida, mas nenhum som rompia a quietude opressiva. Era silencioso como um sonho. Era uma foto fantasma. Rua após rua e quarteirão após quarteirão sucediam-se uns aos outros; havia o bazar, com suas passagens estreitas e cobertas de telhados, as pequenas lojas de ambos os lados, as cafeterias com turcos que fumavam solenemente; e, quando passaram por nós ou nós passamos por eles, um dos fumantes perturbou o narguilé e o café de outro, e uma saraivada de insultos silenciosos nos proporcionou grande divertimento. Assim, viajávamos com o camafeu até chegarmos a um grande edifício que reconheci como o palácio do Ministro das Finanças. Num fosso traseiro e perto de uma mesquita, deitado em uma poça de lama com seu casaco de seda todo sujo, repousava meu pobre Ralph! Ofegante e agachado como se estivesse exausto, parecia estar morrendo; e perto dele estavam reunidos alguns lastimáveis vira-latas que se aqueciam ao Sol e caçavam moscas!

Eu tinha visto tudo o que desejava, embora não tivesse dito ao dervixe nenhuma palavra sobre o cão, e tinha vindo mais por curiosidade do que com a esperança de algum sucesso. Estava impaciente para partir imediatamente e resgatar Ralph; mas, como minha acompanhante suplicou-me para que permanecesse mais um pouco, eu consenti com relutância. A cena se desvaneceu, e a srta. H – colocou-se, por sua vez, ao lado do dervixe.

"Vou pensar nele", ela sussurrou em meu ouvido com o tom ansioso que as jovens senhoras geralmente assumem quando falam sobre o seu amado.

Há um longo trecho de areia e um mar azul com ondas brancas dançando ao Sol, e um grande vapor está singrando as águas ao largo de uma costa desolada, deixando uma trilha leitosa atrás dele. O convés está cheio de vida, os homens estão ocupados na frente, o cozinheiro de gorro branco e avental sai da cozinha, policiais uniformizados estão se movendo, os passageiros enchem o convés, descansando, flertando ou lendo, e um jovem que ambas reconhecemos se aproxima e se inclina sobre o corrimão do convés de popa. É ele.

A senhorita H – dá um pequeno suspiro, cora e sorri e concentra os seus pensamentos novamente. A imagem do barco desaparece; a lua mágica permanece por alguns momentos em branco. Mas novos pontos aparecem em sua face luminosa, vemos uma biblioteca emergindo lentamente de suas profundezas – uma biblioteca com tapetes e tapeçarias verdes, bem como prateleiras de livros nas laterais da sala. Sentado numa cadeira de uma mesa sob uma lâmpada dependurada, está um velho cavalheiro escrevendo. Seus cabelos grisalhos são penteados para trás, o rosto está barbeado e seu semblante tem uma expressão de benignidade.

O dervixe fez um movimento apressado para ordenar o silêncio; a luz no disco treme, mas retoma seu brilho constante e, novamente, sua superfície fica sem imagem por um segundo.

Estamos de volta a Constantinopla agora e fora do perolado; as profundezas do escudo formam nosso próprio apartamento no hotel. Lá estão os nossos papéis e livros na cômoda, o chapéu de viagem de minha amiga em um canto, suas fitas penduradas no vidro e, disposto na cama, o vestido que ela havia mudado quando começamos nossa expedição. Não faltava nenhum detalhe para a completa identificação; e como se fosse para provar que não estávamos vendo algo tirado de nossa imaginação, lá estavam sobre a penteadeira duas cartas não abertas, cuja caligrafia foi claramente reconhecida pelo minha amiga. Elas eram de um parente muito querido dela, a quem ela esperava ouvir quando em Atenas, mas que não conseguira. A cena esvaneceu-se e vimos agora o quarto de seu irmão com ele deitado num sofá e um criado banhando a sua cabeça, de onde, para nosso horror, o sangue escorria. Nós havíamos deixado o jovem em perfeita saúde um pouco mais de uma hora antes; e, ao ver essa imagem, minha companheira soltou um grito de inquietação e, pegando-me pela mão, arrastou-me até a porta. Nós voltamos a nos reunir ao nosso guia e aos amigos no longo corredor e corremos de volta para o hotel.

O jovem irmão da srta. H havia caído da escada no andar de baixo e cortado seriamente a testa; no nosso quarto, na penteadeira, estavam as duas cartas que chegaram em nossa ausência. Elas vieram de Atenas. Pedindo uma carruagem, dirigi-me imediatamente ao Ministério das Finanças e, desembarcando com o guia, corri para a vala que vira pela primeira vez no disco brilhante! No meio da poça, seriamente mutilado, meio faminto, mas ainda vivo, jazia meu lindo perdigueiro Ralph, rodeado de outros cães de mau aspecto que caçavam moscas despreocupadamente.

Das terras polares

(Uma história de Natal)[1]

Apenas um ano atrás, durante o feriado de Natal, muitas pessoas da sociedade se reuniram na casa de campo, ou melhor, no antigo castelo hereditário, de um rico proprietário de terras na Finlândia. Muitos eram os remanescentes do modo de vida hospitaleiro dos nossos antepassados e muitos os costumes medievais preservados, fundados em tradições e superstições meio finlandesas e meio russas, estas últimas importadas por suas proprietárias femininas das margens do Neva. Árvores de Natal que vinham sendo preparadas e implementas para adivinhação estavam prontas. Naquele antigo castelo, havia retratos corroídos por vermes de antepassados famosos, cavaleiros e damas, velhas torres abandonadas, com baluartes e janelas góticas; misteriosos becos sombrios e adegas escuras e intermináveis, facilmente transformadas em passagens subterrâneas e cavernas, celas de prisão fantasmagóricas, assombradas pelos fantasmas inquietos dos heróis das lendas locais. Em suma, a antiga mansão oferecia todas as comodidades para os horrores românticos. Mas, ai de mim! agora eles não servem para nada; na presente narrativa, esses queridos e velhos horrores não desempenham os papeis que poderiam. Seu principal herói é um homem muito comum e prosaico – vamos chamá-lo de Erkler. Sim, Dr. Erkler, professor de medicina, meio alemão por parte de pai, um russo completo pelo lado da mãe e pela educação; alguém que pa-

[1] Originalmente denominado *The Polar Lands* (*A Christmas Story*), este conto foi publicado em Blavatsky: Collected Writings – Volume XIII e no livrete *Nightmare Tales*, editado em 1892, por H.P.B. Press de Londres; tendo sido o último conto deste livrete e escrito proximamente ao final da vida da autora.

recia um mortal bem constituído e comum. No entanto, coisas muito extraordinárias aconteceram com ele.

Erkler, como se viu, foi um grande viajante, que por sua própria escolha havia acompanhado um dos exploradores mais famosos em suas viagens ao redor do mundo. Mais de uma vez ambos haviam visto a morte cara a cara por causa de insolação sob os trópicos e do frio nas regiões polares. Apesar de tudo, o médico falava com entusiasmo constante sobre suas "invernadas" na Groenlândia, na Nova Zembla e nas planícies do deserto na Austrália, onde almoçou um canguru e jantou uma emu, tendo quase morrido de sede durante a travessia por uma trilha sem água, que levou quarenta horas para completar.

"Sim", ele costumava dizer, "Eu experimentei quase tudo, exceto o que você poderia descrever como sobrenatural... Isso, claro, se não considerarmos um certo evento extraordinário em minha vida: um homem que conheci, de quem vou falar agora mesmo – e dele... de fato, bastante estranho, posso acrescentar coisas bastante inexplicáveis." Houve uma forte exigência para que ele se explicasse; e o médico, forçado a ceder, começou sua narrativa.

> Em 1878, fomos obrigados a passar o inverno na costa noroeste de Spitzbergen. Estávamos tentando encontrar nosso caminho durante o curto verão até o polo; mas, como de costume, a tentativa mostrou-se infrutífera devido aos icebergs e, depois de vários esforços estéreis, tivemos que desistir. Tão logo nos instalamos, a noite polar desceu sobre nós, nossos barcos a vapor entraram no Golfo de Mussel [Golfo de Mexilhão] e ficaram entalados entre os blocos de gelo, e nos sentimos separados por oito longos meses do resto do mundo dos vivos... Confesso que, por um lado, senti terrivelmente a princípio. Ficamos especialmente desanimados quando numa noite tempestuosa a nevasca espalhou um volume de materiais preparados para nossas instalações de inverno e nos privou de mais de quarenta cervos de nosso rebanho. A perspectiva de fome não é um incentivo ao bom humor;

e com os cervos perdemos a melhor plataforma de resistência contra as geadas polares, o organismo humano exige nesse clima um aumento de aquecimento e alimentos sólidos. No entanto, finalmente nos reconciliamos com a nossa perda e até nos acostumamos com alimentos locais e, na verdade, mais nutritivos – focas e gordura de foca. Nossos homens construíram dos restos de nossa madeira uma casa dividida nitidamente em dois compartimentos, um para mim e mais três professores e o outro para eles mesmos; sendo construídos também alguns galpões de madeira com propósitos meteorológicos, astronômicos e magnéticos, nós até acrescentamos um estábulo protetor para os poucos cervos remanescentes. E então começou a série monótona de noites e dias sem aurora, dificilmente distinguíveis um do outro, exceto pelas sombras cinza-escuras. Às vezes, os "azuis" em que entramos eram terríveis! Nós havíamos pensado em mandar dois dos nossos três navios para casa em setembro, mas a formação prematura e imprevista de paredes de gelo ao redor deles frustrou nossos planos; e agora, com as tripulações inteiras sob nossa responsabilidade, tínhamos que economizar ainda mais as nossas poucas provisões, combustível e luz. As lâmpadas eram usadas apenas para fins científicos: o resto do tempo tínhamos que nos contentar com a luz de Deus – a Lua e a aurora boreal... Mas impossível descrever essas luzes do norte gloriosas e incomparáveis! Anéis, flechas, conflagrações gigantescas de raios divididos precisamente nas cores mais vivas e variadas. As noites de luar de novembro eram maravilhosas. O jogo dos raios do luar na neve e nas rochas congeladas era ainda mais impressionante. Essas eram noites de fadas.

Bem, numa dessas noites – pode ter sido um dia desses pelo que eu sei, desde o final de novembro até meados de março não tivemos nenhum crepúsculo, para distinguir uma do outro – de repente avistamos no jogo de feixes coloridos, que estavam então lançando tons dourados e rosados nas planícies de neve, um ponto escuro e em movimento... Ele cresceu e pareceu se espalhar à medida que se aproximava de nós. O que isso significa?... Parecia um rebanho de gado ou um grupo de homens vivos trotando sobre o deserto de neve... Mas os animais eram brancos como todo o resto. O que então era isso?... seres humanos?...

Nós não podíamos acreditar em nossos olhos. Sim, um grupo de homens estava se aproximando de nossa morada. Eram cerca de cinquenta caçadores de focas guiados por Matiliss, um renomado marinheiro veterano da Noruega. Eles foram pegos pelos icebergs, assim como aconteceu conosco. "Como vocês souberam que estávamos aqui?", perguntamos. "Disse-nos o velho Johan, que nos mostrou o caminho até o vosso alojamento – eles responderam, apontando para um venerável ancião de cabelos brancos como a neve.

Para falar a verdade, seria melhor que o guia deles tivesse ficado em casa no calor do fogo do que vir caçar focas em terras polares com homens mais jovens. E nós lhes dissemos isso, ainda tentando imaginar como ele veio a saber de nossa presença nesse reino dos ursos brancos. Nisso Matiliss e seus companheiros sorriram, assegurando-nos que o "velho Johan" sabia de tudo. Eles comentaram que devíamos ser novatos nas zonas de fronteira polar, de vez que ignorávamos a personalidade de Johan e ainda podíamos nos admirar sobre qualquer coisa que se dissesse sobre ele.

"São quase quarenta e cinco anos" – disse o caçador-chefe – "que tenho capturado focas nos mares polares e, no que diz respeito à minha lembrança pessoal, eu sempre o conheci e assim como ele é agora, um ancião de barba branca. E tão distante quanto nos dias em que eu, ainda um menininho, costumava sair para o mar com meu pai, ele costumava me dizer o mesmo do velho Johan", acrescentando que seu pai e seu avô também, conheceram Johan em seus dias de infância, nenhum deles jamais o viu de outra maneira senão branco como nossas neves. "E como nossos antepassados o apelidaram de 'sabe tudo de cabelos brancos', assim nós, os caçadores de focas, o chamamos até hoje."

"Você nos faria acreditar que ele tem duzentos anos?" – nós rimos.

Alguns de nossos marinheiros, que se aglomeravam em torno do fenômeno de cabelos brancos, encheram-no de perguntas.

"Avô! Responda-nos, quantos anos você tem?"

"Eu realmente não sei, jovens. Vivo o tempo que Deus me decretou. Quanto a meus anos, eu nunca os contei."

"E como você sabia, avô, que estávamos passando o inverno neste lugar?"

"Deus me guiou. Como eu soube disso eu não sei; muito embora eu soubesse, eu sabia disso."

O violino dotado de alma[1]

Parte I

Em certo dia de 1828, um velho professor de música alemão veio a Paris com um de seus discípulos e instalou-se modestamente num dos calmos subúrbios da grande metrópole. O ancião chamava-se Samuel Klaus, e o jovem respondia pelo nome muito mais poético de Franz Stenio. Este era, como diziam os rumores, um violinista dotado de talento musical extraordinário, quase milagroso. Mas, como era pobre e ainda sem fama na Europa, permaneceu vários anos desconhecido e não apreciado naquela cidade francesa, a metrópole que era o coração e o pulso da moda continental.

Franz Stenio era estírio[2] de nascimento e, nos dias a que nos vamos referir, ainda não contava trinta anos. Sonhador e filósofo por natureza, imbuído de todas as raridades místicas de um verdadeiro gênio, não parecia senão um desses heróis inquietantes dos *Contes Fantastiques* (Contos Fantásticos) de Hoffmann. Seus primeiros anos de vida foram cheios de acontecimentos inusuais, excêntricos, incríveis, e somos levados a contar brevemente a sua estória para melhor compreensão desta narrativa.

Nascido de camponeses muito religiosos, moradores de uma pequena e longínqua aldeia pacífica no coração dos Alpes stryanos, foi criado, segundo se disse, pelos próprios gno-

[1] Originalmente denominado *The Ensouled Violin*, este artigo de Blavatsky foi publicado quase simultaneamente em Lúcifer, Vol. X, março e abril de 1892, e como parte do livreto chamado *Nightmare Tales*, editado ela H.P.B. Press de Londres.

[2] Nascido em Styer, cidade da Áustria. (NT).

mos e outros gênios da região, que velaram solícitos em torno de seu berço. O menino cresceu, assim, nesse ambiente mágico de fantasmas, fadas e vampiros, que desempenha papel essencial em todos os lares de Styer, da Eslavônia e da Áustria Meridional.

Mais tarde, como estudante, educado à sombra dos antigos castelos renanos da Germânia, pode-se dizer que o jovem Franz tinha vivido toda a sua vida, até então, nesse emocionante plano chamado de sobrenatural. Também estudou, durante alguns anos, algo das ciências ocultas com um grande discípulo de Paracelso e Kunrath, motivo pelo qual era tão hábil em todo tipo de feitiçarias, inclusive de magia cerimonial e dos segredos teóricos da alquimia, tal como os mais espertos ciganos húngaros. Acima de tudo, porém, ele amava a música e, ainda mais, o seu violino.

Aos vinte e dois anos de idade, pôs de lado, subitamente, os seus estudos práticos de ocultismo e consagrou-se inteiramente à sua arte, embora permanecesse um adorador fiel dos deuses gregos, em especial das musas de Euterpe, em cujo altar prestava culto, e Orfeu, cuja lira mágica tentou emular com o seu violino. Exceto sua crença sonhadora nas ninfas e nas sereias, provavelmente devido à dupla relação das últimas com as musas por intermédio de Calíope e Orfeu, ele estava interessado, mas pouco, nas questões deste mundo sublunar. Como um incenso, as suas aspirações elevavam-se com a onda da harmonia celeste que retirava do seu instrumento, para uma superior e mais nobre esfera. Sonhava acordado e vivia um pensamento real, uma vida encantada somente durante aquelas horas em que o seu arco mágico o transportava ao longo das ondas de som até ao Olimpo pagão, para os pés de Euterpe. Criança estranha na sua própria casa, onde contos de magia e feitiçaria grassavam em cada centímetro do solo, ele tornara-se um rapaz ainda mais singular, até que finalmente floresceu na maturidade e chegou a homem adulto como se não tivesse tido juventude. Nunca uma face bela de mulher cativara o artista, nem por um momento os seus pensamentos tinham-se desviado dos seus estudos solitários para uma vida além daquela de um místico boêmio. Satisfeito com a sua própria companhia, havia passado os melhores anos da sua juventude e idade adulta com o seu violino, o seu principal ídolo, e com os deuses e deusas da antiga Grécia como público, na perfeita ignorância da vida prática. Toda a sua existência havia sido um ininterrupto sonho de harmonia e de luz e nunca tivera qualquer outra aspiração.

Quão vividos, quão gloriosos, mas quão inúteis eram aqueles sonhos! Transformado num piscar de olhos neste ou naquele herói: desde Orfeu, que deixava sem fôlego toda a natureza, até o diabrete que tocava a sua flauta sob uma árvore qualquer para as ninfas aquáticas da fonte de cristal de Calírroe, não era ele tudo aquilo o que desejava ser? Não se divertiram as ninfas de pés suaves ao som da flauta mágica daquele pastor arcádio: quem seria ele? Olhai, a própria deusa do amor e da beleza deixava sua excelsa morada, atraída pela arte suprema das escalas de seu violino!...Veio, porém, um tempo em que preferiu Sírinx a Afrodite – não enquanto a bela ninfa perseguida por Pã, mas sim como os juncos nos quais ela foi transformada pelos deuses misericordiosos, a partir dos quais o frustrado deus dos pastores fez a sua flauta mágica. Mas também, com tempo, a ambição cresce e raramente é satisfeita.

Quando tocava no seu violino sons encantados que ressoavam na sua mente, todo o Parnaso ficava silencioso sob o feitiço ou assomava-se em coro celestial. Mas, a audiência pela qual ele queria ser reconhecido não era composta propriamente pelos deuses cantados por Hesíodo, na verdade ansiava pelos mais reconhecidos melômanos das capitais europeias. Sentia ciúmes da flauta mágica e tê-la-ia alegremente sob o seu comando.

"Oh!" Lamentava-se, mais de uma vez, o jovem ao acordar de seus devaneios de uma arte nunca ouvida. "Oh, que eu pudesse abranger num voo espiritual o abismo do tempo! Oh, que eu próprio pudesse encontrar por um curto dia um conhecedor das artes secretas dos deuses, que pudesse ser eu um deus na visão e audição da humanidade extasiada e, tendo aprendido o mistério da lira de Orfeu ou aprisionado no interior do meu violino uma sereia, encantasse os mortais para minha própria glória!"

Dessa forma, Franz, tendo sonhado por vários anos na

companhia dos deuses do seu agrado, devaneava agora com as glórias transitórias da fama neste mundo. Para sua desgraça, no entanto, teve subitamente que abandonar a universidades alemã onde estava há quase dois anos, uma vez que fora chamado à casa pela sua mãe já enviuvada. Esta chamada terminou com os seus planos, pelo menos no que concernia ao futuro imediato, pois que, fora de sua aldeia e do calor de sua casa, não contava com os meios suficientes para uma vida independente que não fosse na sua terra natal.

O seu retorno trouxe resultado completamente inesperado. A sua mãe, para quem ele era o único amor na Terra, faleceu pouco depois de ela ter estreitado em seus braços o seu amado filho caçula; e as comadres do burgo exercitaram as suas línguas ligeiras durante quase um mês a respeito das verdadeiras causas determinantes da morte.

A viúva, senhora Stenio, antes do regresso de seu Franz, era, com efeito, uma mulher de meia-idade forte e vigorosa; alma piedosa e por demais temente a Deus, que jamais faltou à missa nem deixou de orar diariamente durante os anos da ausência de seu filho. O primeiro domingo que se seguiu à chegada do jovem estudante, o dia pelo qual ela havia ansiado e antecipado durante meses em visões alegres, nas quais o via ajoelhar-se ao seu lado na pequena igreja da colina, ela chamou-o da base das escadas. Era o momento em que o seu sonho pio iria ser concretizado, e ela esperava por ele retirando cuidadosamente o pó do livrinho de orações que Franz havia usado na infância. Mas, em vez de Franz, foi o seu violino que respondeu ao chamado dela, que misturava a sua sonora voz com os tons quebrados do repicar dos sinos do feliz domingo. A mãe amorosa ficou um tanto chocada ao ouvir os inspiradores sons da oração afogados pelas estranhas e fantásticas notas de Dança das Bruxas[3]. Elas pareciam-lhe

[3] *Aquelarre (Witches' Sabbath*, ou Sábado das Bruxas) — A suposta festa e assembleia de bruxas em algum local solitário, onde, diz-se, as bruxas comunicavam-se diretamente com o diabo. Todas as raças e todos os povos creram nisso, e alguns ainda hoje o acreditam. Assim, costuma-se dizer que o principal ponto de reunião de todas as bruxas da Rússia é o Monto Calvo *(Lissaya Gorâ)*, próximo a Kiev; na Alemanha, o Brocken, nos Montes Harz. Na velha Boston (EUA) congregavam-se próximo ao Lago do Diabo, numa vasta selva, hoje desaparecida. Em Salem, os dignitários da Igreja mataram-nas à vontade e, na Carolina do Sul, uma feiticeira foi queimada no ano de 1865. Na Alemanha e Inglaterra, foram assassinadas aos milhares pela Igreja e pelo Estado, após serem obrigadas a mentir e

sobrenaturais e ridicularizadoras. A aldeã quase desmaiou ao ouvir a recusa peremptória do seu tão amado filho em ir à missa, que acrescentou friamente que todo momento passado na igreja era tempo perdido e, ademais, os ruidosos sons do vetusto órgão abalavam os seus nervos de artista. Nada o iria submeter à tortura de ouvir aquele órgão rachado. Ele foi firme, e nada o poderia demover. Pôs fim às súplicas e protestos da sua mãe oferecendo-se para lhe tocar o "Hino ao Sol" que havia acabado de compor.

A Sra. Stenio perdeu, desde aquela triste manhã de domingo, a costumeira placidez de espírito e foi desafogar suas angústias e remorsos no confessionário. Um contínuo sobressalto, um profundo sentido de terror, que logo se tornou um estado crônico, perseguiu-a a partir daquele momento. As suas noites tornaram-se agitadas e sem sono, os seus dias passados em oração e lamentação. Na sua materna ansiedade pela salvação da alma do seu amado filho, pelo seu bem-estar *post mortem*, realizou uma série de votos temerários. Descobriu que nem a súplica em latim para a Mãe de Deus, escrita para ela pelo seu conselheiro espiritual, nem as suas humildes preces em alemão, dirigidas por ela própria a todos os santos que ela acreditava residirem no Paraíso, tiveram o efeito desejado, levando-a a peregrinar por distantes santuários. Numa dessas jornadas a uma capela sagrada situada bem no alto das montanhas, resfriou-se fortemente por entre os nevados campos do Tirol, e ao regressar prostrou-se doente numa cama para não mais se levantar. O voto da Sra. Stenio levou-a, de certa forma, ao resultado desejado. Em seu novo estado de após vida, foi dada à pobre mulher oportunidade de procurar pessoalmente os santos em que tanto acreditava, de suplicar cara a cara pelo desleal filho, o qual renegava a eles e à Igreja, zombava dos sacerdotes e do confessionário e tinha horror invencível ao órgão.

Franz estava bem alheio à ideia de ter sido o verdadeiro cau-

confessar, através de tortura, sua participação no Sábado das Bruxas. [A noite de Santa Walpurgis, ou Walpurga, cuja festa cuja festa é pela Igreja dia 1° de maio, noite que ainda hoje as pessoas simples veem chegar com certo temor supersticioso, tornou-se famosa na Idade Média pelo *aquelarre (Sabbath) celebrado por* bruxos e bruxas na agreste montanha Brocken, ou Broksberg, o pico mais elevado do Hartz. Esta cena é magistralmente descrita na primeira parte do Fausto, de Goethe.] (Copiado do Glossário Teosófico, de HPB, no verbete Aquelarre).

sador da morte de sua mãe e lamentou-a de todo o coração. Inconsciente de ter sido o causador indireto do ocorrido, não sentiu remorsos e dali a poucas semanas vendeu todos os trastes de sua casa e as modestas benfeitorias de sua fazenda. Leve tanto de bolsa como de preocupações, resolveu viajar a pé durante alguns anos, antes de estabelecer-se numa profissão definitiva.

Possuído de um indefinido desejo de conhecer as grandes cidades da Europa e de tentar a sorte na França, Franz Stenio ocultava-se no fundo do seu projeto de viagem, mas os seus hábitos de vida boêmia eram demasiado fortes para serem abandonados repentinamente. Confiou, então, o seu pequeno capital a um banqueiro, prevenindo-se de um possível imprevisto, e iniciou a sua jornada pedestre pela Alemanha e Áustria. O seu violino pagou pelo seu transporte e alojamento nas pousadas e quintas no seu caminho, e passou os seus dias nos campos verdes e nos bosques solenes e silenciosos, frente a frente com a natureza e, como sempre, sonhando acordado. Em momento algum, durante os três meses das suas agradáveis viagens para a frente e para trás, jamais desceu do Parnaso. Ao contrário, tal como um alquimista que transmuta o chumbo em ouro, também ele transformava tudo no seu caminho numa canção de Hesíodo ou Anacreonte. Em cada sarau, enquanto tocava o seu violino para obter comida e cama, quer fosse num relvado ou no *hall* de uma rústica pousada, a sua imaginação mudava tudo ao seu redor. As moças e os jovens camponeses da vila transfiguravam-se em ninfas e pastores arcádios. O solo arenoso era agora um relvado verde; os toscos casais girando em redor numa valsa calculada com a graça selvagem de ursos domesticados tornavam-se sacerdotes e sacerdotisas de Terpsícore; as moças volumosas, com bochechas rosadas e olhos azuis, filhas da Alemanha rural, eram as Hespérides que circulavam ao redor de árvores carregadas com as maçãs de ouro. Nem as melodiosas composições dos semideuses arcádios, tocando flauta nos seus sírinxes, que eram audíveis apenas para o seu ouvido encantado, desapareciam com a aurora. Pois mal a cortina do sono era levantada dos seus olhos, partia para um novo reino mágico de fantasias. Seu violino, nos momentos solitários por que passava seu dono na selva mais espessa de pinheiros, parecia animar com forças de sagrada magia as próprias árvores, pedras, musgos, tudo quanto, como novo Orfeu, rodeava-o, embelezando. Tocou para o riacho alegremente sonoro e o apressado rio, e eles diminuíram a sua velocidade e pararam as suas ondas e, tornando-se silenciosos, pareciam ouvi-lo em êxtase. Mesmo a pernalta cegonha que se mantinha meditativamente sobre uma perna no telhado de palha do rústico moinho, procurando resolver o problema da sua demasiadamente longa existência, emitiu depois dele um longo e estridente grito, guinchando "És tu o próprio Orfeu, ó Stenio?"

Aquele foi um período de pura felicidade e contínua exaltação artística. As últimas palavras de sua mãe agonizante, que sussurrava em seus ouvidos todos os horrores de uma condenação eterna, jamais afetaram o jovem, e a única visão que a admoestação evocou nele foi a de Plutão. Por uma rápida associação de ideias, viu o senhor do escuro reino inferior cumprimentando-o tal como havia saudado o esposo de Eurídice antes dele. Encantado com o som mágico do seu violino, a roda de íxion parou uma vez mais, permitindo alívio ao deplorável sedutor de Juno e dando o repouso àqueles que clamam eternidade para a duração do castigo dos pecadores condenados. Apercebeu-se de Tântalo a esquecer-se da sua infindável sede e estalando os seus lábios enquanto bebia na melodia celestial; a pedra de Sísifo tornando-se imóvel, as próprias Fúrias sorrindo-lhe, e o soberano das melancólicas regiões deleitado, outorgava preferência ao seu violino sobre a lira de Orfeu. Vemos, pois, que a mitologia clássica era para Franz o antídoto mais seguro contra os terrores e ameaças teológicas, especialmente quando fortalecidas por um insano e apaixonado amor pela música. Euterpe, pela mão de seu fiel discípulo Franz, triunfava, enfim, mesmo no próprio inferno!

Há, porém, um fim para tudo, e cedo Franz teve de desistir de seus sonhos sem fim. Chegara certo dia à cidade universitária onde residia o seu antigo professor de violino, Samuel Klaus. Quando o antiquado músico viu o seu amado e favorito discípulo órfão, pobre de bolsa e ainda mais pobre de afetos terrenos, sentiu a sua forte ligação com o rapaz acordar com uma força decuplicada. Acolheu, assim, Franz no seu coração e imediatamente o adotou como filho.

O velho professor parecia evocar nas pessoas uma daquelas figuras grotescas que pareciam ter saído de algum painel medieval. No entanto, apesar de sua aparência de duende noturno, possuía um grande coração, uma alma cheia de ternuras femininas e uma abnegação não menor que a de qualquer mártir cristão. Ao contar-lhe, o jovem discípulo, a estória dos últimos anos de sua ausência, o velho mestre tomou-o pela mão e levando-o a seu estúdio, disse-lhe simplesmente:

– Abandona a vida errante e fica comigo. Poderás alcançar glória. Eu já sou velho e sem filhos e serei teu pai. Vivamos juntos e esqueçamos tudo, exceto a fama.

Em alguns dias, Klaus fez o jovem Franz esquecer-se de sua vida errante e a sua independência artística, despertando nele a sua antiga e adormecida ambição de fama mundial. Contente, desde a morte de sua mãe, apenas com o aplauso dos deuses e deusas que habitavam sua ardente fantasia, queria agora também o aplauso dos homens mortais.

Sob os severos ensinamentos de Klaus, o notável talento musical de Franz ganhava, a cada dia, maior vigor e charme, e a sua reputação estendia-se rapidamente em cada cidade e povoado onde era ouvido. A sua ambição estava concretizando-se rapidamente. Os grandes mestres dos vários centros musicais sob os quais o seu talento era submetido logo o proclamaram o melhor violinista do seu tempo, e o público declarou ruidosamente que ele não tinha rival à altura dentre todos aqueles que o tinham ouvido. Tais louvores logo fizeram com que o mestre e discípulo perdessem completamente a cabeça.

Paris, que faz reputações por si própria e não aceita ninguém por crer na opinião alheia, não concedeu ao jovem, de início, tamanha fama. Assim é que eles estavam já ali há três anos, e ainda se encontravam a escalar com dificuldade o calvário dos artistas, quando aconteceu um fato que pôs termo até mesmo às suas mais modestas expectativas. O primeiro concerto de Niccolo Paganini pôs Lutécia em intensa comoção. O incomparável artista chegou, e toda Paris caiu de uma só vez aos seus pés.

Parte II

Hoje é um fato bem conhecido a superstição nascida nos

dias negros da crendice medieval e que sobreviveu praticamente até meado do nosso presente século que atribui todas as grandezas do gênio, como o demonstrado por Paganini, a uma atuação do sobrenatural. Sem exceção, os grandes e maravilhosos artistas foram acusados, nos seus dias, de terem feito pacto com o diabo. Bastarão alguns exemplos para refrescar a memória do leitor.

Tartini, o grande compositor e violinista do século XVII, foi denunciado como tendo recebido as suas melhores inspirações do demônio, com o qual mantinha, segundo se dizia, uma aliança permanente. A acusação deveu-se, claro está, à impressão quase mágica que causava sobre a sua audiência. A sua inspirada atuação no violino assegurou-lhe no seu país o título de Mestre das Nações. A *Sonate du Diable* (Sonata do Diabo), também chamada Sonho de Tartini – como diziam aqueles que já o tinham ouvido tocá-la – é a mais estranha melodia jamais ouvida ou inventada e, por isso, a maravilhosa composição tornou-se fonte inesgotável de lendas. Que não eram totalmente infundadas, pois foi o próprio Tartini que as originou. Ele confessou que a havia escrito ao acordar de um sonho durante o qual tinha ouvido a sonata tocada por Satã, para seu proveito, em seguida a um pacto que firmara com a majestade infernal.

A arte quase sobrenatural do maior violinista que o mundo conheceu foi objeto de muitas especulações e nunca foi compreendida. O efeito produzido por Paganini como o seu instrumento sobre os seus ouvintes era literalmente maravilhoso, esmagador. Diz-se que o grande Rossini chorou como uma sentimental donzela alemã ao ouvi-lo tocar pela primeira vez. A princesa Elisa de Lucca, irmã do grande Napoleão, a quem Paganini prestava serviço como diretor da sua orquestra privada, foi incapaz durante muito tempo de ouvi-lo sem que viesse a desmaiar imediatamente. Produzia, à sua vontade, ataques nervosos e histerias nas mulheres; levava homens com coração de pedra ao delírio. Transformava covardes em heróis e fazia os mais bravos soldados sentirem-se nervosos como meninas de escola. São espantosas as centenas de estranhas lendas que circularam durante anos sobre o misterioso genovês e em torno dele, esse Orfeu moderno da

Europa. Uma delas era especialmente medonha. Dizia-se, e eram mais as pessoas a acreditar nisso do que aquelas que o admitiam, que as cordas do seu violino eram feitas de intestinos humanos, de acordo com todas as regras e requerimentos da arte negra.

Isso, com efeito, por mais exagerado que possa parecer, nada tem de impossível. É provável que tenha sido essa lenda que levou aos extraordinários eventos que estamos prestes a narrar. Os órgãos humanos são geralmente utilizados pelos chamados magos negros orientais. É fato comprovado que alguns praticantes do tantrismo bengalis (recitadores de tantras, ou "invocações ao demônio", tal como um referenciado escritor os descreveu) usam restos humanos, alguns órgãos internos e externos, como poderosos agentes mágicos para maus propósitos.

Agora que as forças magnéticas e mesméricas do hipnotismo são reconhecidas como fatos pela maioria dos médicos, pode ser sugerido, com menor risco do que anteriormente, que talvez os efeitos extraordinários da música do violino de Paganini não se devessem exclusivamente ao seu gênio e talento. A admiração e reverência que tão facilmente despertava eram causados principalmente pela sua aparência, que de acordo com os seus biógrafos "possuía algo de estranho e demoníaco", assim como pelo indizível encanto da sua execução e a notável habilidade técnica. Esta última é comprovada pela sua perfeita imitação do *flageolet*[4] e pelas suas longas e magníficas melodias com a utilização da corda Sol apenas, numa atuação que muitos artistas procuraram imitar sem sucesso e que se mantém incomparável até aos nossos dias.

Foi devido à sua aparência fora do comum, considerada excêntrica pelos seus amigos e diabólica pelas suas vítimas nervosas, que Paganini teve grandes dificuldades em refutar alguns dos mais repulsivos rumores a seu respeito. Rumores como tais podiam tomar corpo muito mais facilmente naquele tempo do agora, quando as pessoas são muito mais céticas. Assim, em sua cidade natal e em toda a Itália era dito que Paganini havia assassinado a sua esposa e mais tarde uma amante, a qual, não obstante sua paixão, não hesitou em

[4] Uma espécie de flauta – NT.

sacrificar com as próprias mãos para lograr suas diabólicas ambições. Sabia-se que ele tinha se tornado hábil nas artes necromânticas e, como tal, conseguiu incorporar as almas das suas duas vítimas no seu violino – no seu famoso cremona.

Os amigos próximos de Ernesto T. W. Hoffmann, o admirável autor de *Die Elixire des Teufels, Meister Martin* e outros arrebatadores e misteriosos contos, asseguram que o personagem Conselheiro Crespei de "O Violino de Cremona" fora inspirado no lendário caso de Paganini. É, como sabem todos aqueles que sabem ler, a história de um célebre violino no qual estava encerrada a voz e a alma de uma diva famosa, que Crespei havia amado e assassinado, incorporando ainda a seu instrumento a alma pura de sua própria filha, Antônia.

Tal superstição não era totalmente infundada, e Hoffmann não deveria ser censurado por adotá-la depois de ter visto a atuação de Paganini. A facilidade extraordinária com que o artista produzia não apenas sons divinos, mas nítidas vozes humanas com o seu violino justificavam a suspeita. Tais efeitos devem ter assombrado algumas audiências e lançado terror em muitos corações arrebatados. Se juntarmos a isso o mistério impenetrável de certo período da juventude de Paganini e as mais selváticas lendas sobre a sua figura, poderemos entender, de certo modo, que tais efeitos se justificavam e são até desculpáveis, mormente numa nação cujos antepassados conheceram as famosas famílias necromânticas dos Bórgias e dos Médicis.

Parte III

Franz dificilmente teria ouvido falar de Paganini naqueles dias pré-telegráficos, quando os jornais eram limitados e as asas da fama tinham voo mais pesado do que aquele que hoje têm. Porém, quando o ouviu, jurou competir, senão eclipsar, o mágico genovês. De fato, ou tornar-se-ia no mais famoso violinista de sua época ou faria em pedaços seu indócil instrumento e, em seguida, poria fim à própria vida.

O rapaz, devorado pela inveja, jurou competir com o mago genovês e até superá-lo se pudesse. Sim, ou conseguiria o atrevido jovem ser o mais famoso de todos os violinistas de sua época ou faria em pedaços seu indócil instrumento! O velho Klaus aplaudia com toda a sua alma tão heroica determinação. Esfregava as mãos com alegria e, saltando sobre a sua perna manca, tal como um Sátiro estropiado, lisonjeava e adulava o seu discípulo predileto, como se cumprisse o sagrado dever de consagrar um herói em nome da mais santa e nobre causa da arte.

Franz tinha tudo ao seu alcance três anos antes, após a primeira visita a Paris, porém ele falhou. Os críticos musicais viam-no como estrela em ascensão, mas todos concordaram que ele necessitava de mais alguns anos de prática e esforço antes de pretender arrebatar o seu público. Foi assim que, depois de um estudo impetuoso de dois anos e ininterrupta preparação, o artista da Estíria estava finalmente preparado para uma séria aparição na grande Casa da Ópera, onde deveria realizar um concerto público perante os mais exigentes críticos do velho mundo. Contudo, a chegada de Paganini à metrópole europeia justamente naquele momento crucial colocara-lhe um obstáculo no caminho da realização de tão dourados sonhos, e o velho professor alemão adiou sabiamente a estreia do seu discípulo.

A princípio, Franz contentou-se em sorrir perante o selvático entusiasmo, os hinos de louvor quase supersticioso ao italiano e o assombro com que o seu nome era pronunciado. Cedo, porém, o nome Paganini tornou-se ferro em brasa para o coração dos dois artistas e um fantasma aterrador na mente de Klaus. Alguns dias mais tarde, tremiam perante qualquer menção do grande rival, cujo sucesso se tornava a cada noite mais incomparável.

A primeira série de concertos terminara sem que nem o velho nem o jovem houvessem podido ouvir Paganini e julgá-lo por si próprios. Eram tão exorbitantes os preços, mesmo os dos piores lugares, e tão pequena a esperança de que aquele grandessíssimo avaro viesse a se mostrar generoso para com um humilde e desconhecido irmão da arte, que tiveram de se resignar a esperar que a sorte lhes proporcionasse uma oportunidade, como fizeram tantos outros interessados. Mas chegou um dia em que lhes era impossível controlar a impaciência por mais tempo. Assim, empenharam os seus relógios e, com o ganho, compraram dois modestos lugares.

Quem pode descrever as emoções daquela noite, ao mesmo tempo feliz e fatal? O auditório estava frenético: os homens choravam e as senhoras guinchavam histéricas e desmaiavam, enquanto Klaus e Stenio postavam-se petrificados, mais pálidos que espectros. Ao brotar a primeira nota do mágico arco de Paganini, ambos sentiram um calafrio sobrenatural, como se a gelada mão da morte os houvesse tocado. Arrebatados por irresistível entusiasmo, que se transformou numa violenta e sublime tortura mental, nem se atreviam a olhar um para o outro ou a trocar uma palavra que fosse durante todo o espetáculo.

Acabada a função, à meia-noite, enquanto os delegados selecionados pela Sociedade Filarmônica e pelo Conservatório de Paris desatrelaram os cavalos do coche do colosso e o arrastaram em triunfo até sua casa, os dois infelizes alemães retornaram a seu modesto alojamento, ocupando seus costumeiros lugares. Um triste espetáculo de se ver. Enlutados e desesperados, sentaram-se nos seus respectivos lugares à lareira, e nem por um momento abriram a boca. Franz, pálido como a própria morte, rompeu o silêncio e exclamou:

– Samuel, já não nos resta nada senão morrer! Estás me ouvindo? Não valemos nada. Éramos loucos ao crer que alguém pudesse chegar a rivalizar com o... com ele!

O nome de Paganini ficou atravessado na sua garganta e em desespero profundo deixou-se abater sobre a sua poltrona.

A cara enrugada do professor tornou-se subitamente lívida. Os seus pequenos olhos cinzentos despendiam singular fosforescência e, inclinando-se em direção ao seu discípulo, sussurrou-lhe com voz entrecortada e cavernosa:

– Nein, nein! Tu te enganas, meu prezado Franz! Ensinei-te, e tu aprendeste da divina arte tudo quanto um simples mortal ou um cristão batizado pode ensinar a outro simples mortal. Deveria eu ser censurado por causa desses malditos italianos que, para reinarem sobranceiros no domínio da arte, recorreram a Satã e aos diabólicos efeitos da Magia Negra?

Franz, ao ouvir aquilo, olhou seu mestre. Havia uma luz sinistra ardendo naqueles olhos fulgurantes, uma luz que dizia claramente que, para alcançar o poder, também ele não iria se importar de vender seu corpo e sua alma ao mesmíssimo diabo. Mas nada disseram os seus lábios contraídos e, não pronunciando uma única palavra, desviava os olhos da cara do seu velho mestre, contemplando sonhador as brasas mortiças. Então, os mesmos sonhos incoerentes de há muito esquecidos, os quais lhe pareciam realidade durante a sua juventude e que haviam sido completamente abandonados até desaparecerem gradualmente da sua consciência, voltavam agora com a mesma força e vivacidade de outrora. As austeras sombras de íxion, Sísifo e Tântalo ressuscitavam e permaneciam prante ele, dizendo:

– Que te podem importar os horrores de um inferno em que não acreditas? E ainda que o inferno exista, é o lugar descrito pelos antigos gregos e não este dos fanáticos modernos... uma vasta região cheia de sombras conscientes, dentre as quais nunca poderás chegar a ser um segundo Orfeu.

Franz enlouquecia por momentos e, voltando-se instintivamente, olhava uma vez mais para o seu velho mestre de modo singular. Os seus olhos vermelhos passaram depois a evitar o olhar de Klaus.

Se Samuel compreendia o terrível estado mental do seu discípulo e tentasse resgatá-lo, fazendo-o falar para, assim, desviá-lo dos seus pensamentos, deverá ficar como uma incógnita tanto para o leitor quanto para aquela que escreve. O que quer que tivesse em mente, o entusiasta alemão prosseguiu, falando com uma calma dissimulada:

– Franz, meu caro rapaz, asseguro-te que a arte do maldito italiano não é natural. Ela não se deve nem ao estudo nem ao seu gênio, senão que foi adquirida de forma inusual ou desnaturada. E não precisas de olhar para mim dessa forma selvagem, porque aquilo que eu digo anda nas bocas de milhões de pessoas. Escuta isso que te digo e tenta compreender. Conheces a estranha lenda murmurada acerca do famoso Tartini? Ele morreu numa agradável noite de Sabbath estrangulado pelo seu próprio demônio familiar, o mesmo que o havia ensinado a dotar o seu violino de voz humana, encerrando nele, por meio de encantamentos, a alma de uma jovem donzela.

– Paganini fez ainda mais. Para dar ao seu violino a capacidade de emitir sons humanos, tais como chorar, gritar, suplicar e gemer de amor ou de fúria, ou seja, os sons mais comoventes emitidos pela voz humana, ele se tornou assassino não só da sua esposa e da sua amante, mas também do amigo que lhe era mais carinhosamente apegado do que a qualquer outro ser neste mundo. Fez, então, as quatro cordas do seu violino mágico utilizando-se dos intestinos desta última vítima. Esse é o segredo do seu encantador talento, dessa avassaladora melodia, dessa combinação de sons que nunca serás capaz de dominar, a menos que...

O velho homem não pôde concluir a frase. Viu algo que o fez vacilar diante do olhar diabólico do discípulo enlouquecido e, então, cobriu o rosto com as mãos. Franz ofegava, e os seus olhos tinham uma expressão que lembraram a Klaus os de uma hiena. A sua palidez era cadavérica. Por algum tempo não foi capaz de falar, mas apenas de respirar a custo. Por fim, murmurou lentamente:

– Mas, falas seriamente?

– Sim estou, tanto quanto te pretendo ajudar.

Depois de um momento de pausa, escondendo o olhar, Franz perguntou:

– E... e acreditas que se eu obtivesse intestinos humanos para as cordas conseguiria rivalizar com Paganini?

O velho alemão descobriu o rosto e, como quem já tomou uma resolução heroica, acrescentou de modo sinistro:

Os intestinos humanos sozinhos não bastam por si só para se alcançar o nosso objetivo, antes eles devem ter pertencido a alguém a quem se haja querido com afeto desinteressado e santo. Tartini dotou seu violino com a alma de uma virgem que o amava e que morreu ao ver que o seu amor pelo grande músico não era correspondido. Aquele verdadeiro diabo humano recolheu em uma redoma o derradeiro alento da donzela, e logo o transferiu ao seu violino. Quanto a Paganini, na história que te contei, ele obteve o consentimento da sua vítima, e a matou para possuir os seus intestinos.

E acrescentou o ancião, voltando às superstições de sua juventude:

– Oh, divino poder da voz humana, não comparável a nenhum outro neste mundo, que magia há na Terra que se possa igualar à tua? Pensas, meu pobre rapaz, que não te ensinaria esse grande e último segredo se não fosse pelo fato de te lançar diretamente nas garras dele..., daquele cujo nome não pode ser pronunciado de noite?

Franz não respondeu. Porém, levantou-se de seu assento com uma calma terrível que dava calafrios, retirou o seu violino da parede onde estava pendurado e, agarrando com força as cordas, arrancou-as e lançou-as ao fogo. Samuel deu um grito horrorizado, pois elas, ao se queimarem, assobiavam sobre o carvão, onde entre a lenha em brasa, contorciam-se e enrolavam como se fossem cobras vivas.

Franz exclamou, espumando pela boca e com os olhos queimando como se fossem carvão:

– Pelas bruxas da Tessália e pelas negras artes de Circei! Pelas Fúrias do inferno e pelo próprio Plutão, juro, na vossa presença, ó Samuel, meu mestre, nunca mais tocar num violino até que consiga encordoá-lo com quatro cordas humanas. Que eu seja amaldiçoado para todo o sempre se o fizer!"

E caiu no chão desmaiado, soltando um profundo gemido que concluiu como um lamento fúnebre.

O velho Samuel ergueu-o, como se levantasse uma criança, carregando-o até a sua cama. Após o que, partiu em busca de um médico.

Parte IV

Depois daquela dolorosa cena, Franz Stenio lutou vários dias entre a vida e a morte. O médico afirmou que ele sofria de febre cerebral e que se podia temer pelo pior. O paciente permaneceu delirante durante nove longos dias, e Klaus, que cuidava dele noite e dia com a solicitude de uma mãe carinhosa, estava horrorizado com o resultado de sua própria obra. Desde que se conheceram, o velho professor, devido aos delírios brutais do seu aluno, conseguiu penetrar, pela primeira vez, nos recantos mais escuros daquela alma selvagem estranha, supersticiosa, impassível e apaixonada; e abalou-se com o que descobriu. Klaus viu o que não tinha antes percebido. Conheceu Franz como era na realidade e não como parecia aos observadores superficiais. A paixão pela música dava sustentação à vida deste jovem homem, e a adulação era o ar que respirava, sem a qual a vida se tornava um fardo; era unicamente nas cordas do seu violino que Stenio encontrava razão de ser e viver, e sem o aplauso dos homens ou mesmo dos deuses ele não se mantinha. Revelou-se perante os seus olhos uma alma genuinamente artística, mas muito apegada à matéria, com a sua contraparte divina completamente ausente, um filho das musas preso a uma poesia sofisticada e cerebral, mas sem um coração. Ao ouvir os delírios do ensandecido Franz, Klaus sentia, pela primeira vez na sua longa vida, que explorava a região fantástica e inexplorada de uma natureza humana que não era desta Terra, mas de um outro planeta em formação. O terror ante tudo isso levara-o também à enfermidade, e ele até se perguntou se não faria uma ação bondosa para com o jovem ao deixá-lo morrer antes que recobrasse os sentidos.

Não obstante, ele amava demasiadamente o "seu filho" para pensar por muito tempo em tal ideia. Franz havia enfeitiçado a alma essencialmente artística do mestre e agora a ele parecia que a vida dos dois achava-se irremediavelmente ligadas entre si. Foi algo como uma revelação, e tal convicção, fê-lo decidir, por fim, a salvar o rapaz, ainda que fosse à custa de sua gasta e inútil vida, como ele assim a considerava.

O sétimo dia de doença veio com a mais terrível crise. Durante vinte e quatro horas, o paciente jamais fechou os olhos nem permaneceu em silêncio por um momento sequer, tendo delirado durante todo o tempo. As suas visões eram peculiares, e ele descrevia cada uma delas minuciosamente. Figuras extravagantes e medonhas desfilavam contínua e lentamente na penumbra do seu pequeno e escuro quarto numa procissão regular e ininterrupta, e ele cumprimentava cada uma pelo seu nome, como se fossem velhas conhecidas. Acreditava ser um novo Prometeu, preso à rocha por quatro cordas feitas de intestinos humanos. No sopé do Monte Caucasiano, as águas negras do Rio Estígio corriam... tinham abandonado a Arcádia e, agora, esforçavam-se para dar sete voltas à rocha sobre a qual ele jazia a sofrer...

– Sabes como se chama a rocha de meu Cáucaso, velho?

Rugiu ao ouvido do seu pai adotivo...

– Ouve, então, ... o seu nome.... é... Samuel Klaus...

"Sim, sim!", o alemão murmurou desconsolado. "Eu mesmo é que o matei, ao tratar de consolar-te, matei-te imprudentemente. A notícia das artes mágicas de Paganini atingiu a tua imaginação, demasiado vivida.... Oh, meu pobre, pobre menino!"

"Ha, ha, ha, ha!" Replicou o enfermo numa risada gargalhada satânica. "Sim, pobre velho, dizes tu?... pois, pois, de qualquer modo, a tua pobre arte só parecerá bem quando esticada sob um magnífico violino cremona..."

Klaus sacudiu-se todo, mas não falou nada. Inclinou-se sobre o jovem ensandecido e com um beijo na sua testa, um suave e gentil afago como o de uma mãe carinhosa, retirou-se do quarto do doente por instantes para procurar conforto no seu próprio sótão. Quando voltou, percebeu que os delírios tomavam outro rumo: Franz cantava, tentando imitar os sons de um violino.

Com o avançar da noite, o delírio do doente tomou uma forma impossível de descrever. Ele via espíritos de fogo agarrando o seu violino. De cada dedo das suas mãos esqueléticas crescia uma garra de fogo que acenava para o velho Samuel... as suas mãos aproximavam-se e cercavam o velho professor e preparavam-se para abri-lo ao meio... ele, "o único homem nesta Terra que me ama altruisticamente, amor santo, e cujos intestinos podem ser bons!", continuou a sussurrar, com olhos brilhantes e riso demoníaco...

No outro dia, porém, a febre cessara, e Stenio pôde deixar o leito dois dias depois, não mantendo lembranças de sua enfermidade e sem suspeitar que, em seus delírios, havia deixado Klaus ler os seus pensamentos mais secretos... Teria Stenio qualquer conhecimento de que uma ideia tão horrível como a de sacrificar o seu velho mestre em prol da sua ambição tinha entrado na sua mente? Não. Dificilmente. O resultado único e imediato da sua fatal enfermidade foi que, em razão da promessa que fizera ao arrancar as cordas antigas de seu violino e da sua paixão artística que não encontrara uma válvula de escape, outra paixão despertou nele, a qual poderia servir para alimentar a sua fantasia e ambição insaciável. Enfronhou-se, sem hesitar, no estudo das artes ocultas, da alquimia e da magia. Na prática da magia, o jovem sonhador tentava abafar a sua ânsia insuportável pelo violino abandonado, cuja perda, como pensava, teria sido para sempre.

* * *

Passaram-se semanas e meses, e mestre discípulo nunca mais falaram sobre Paganini. Contudo, uma profunda melancolia abateu-se sobre Franz, e os dois mal se falavam. O violino permanecia mudo no seu habitual local, sem cordas, cheio de pó; não era senão um cadáver que a fatalidade havia interposto entre os dois.

O jovem tornou-se sombrio e sarcástico, passando a desviar-se cuidadosamente de qualquer conversação sobre música. Certo dia, quando o velho professor, depois de longa hesitação, tirou o seu próprio violino do estojo coberto de pó e preparou-se para tocar, Franz encolheu os ombros e não disse nada. Às primeiras notas, no entanto, olhou como um louco e disparou para a rua, por onde vagueou durante horas. Então o velho Samuel, por sua vez, arrojou o instrumento para o lado e trancou-se na sua alcova até à manhã seguinte.

Certa noite, enquanto Franz estava sentado, com um aspecto pálido e sombrio mais que o comum, o velho Samuel levantou-se repentinamente da sua cadeira, e salteando pelo quarto como um melro, dirigiu-se ao seu aluno, deu-lhe um grande beijo na testa e disse-lhe com voz estridente:

– Não é hora de pôr um fim a tudo isso?

Sobressaltado, Franz despertou de sua letargia habitual e respondeu como se estivesse sonhando:

– Sim! já é mais que tempo de pôr fim a isso.

Então, ambos foram dormir sem dizer mais nenhuma palavra.

Na manhã seguinte, Franz surpreendeu-se por não ver o velho professor no seu lugar de costume. Franz, porém, tinha mudado muito ao longo dos últimos meses e, a princípio, não prestou atenção à ausência do mestre, apesar desta não ser habitual. Vestiu-se e foi para sala de jantar que separava as alcovas. A lareira não tinha sido acesa desde que as brasas haviam se apagado na noite anterior, nem havia sinal das ocupações usuais do mestre. Estranhando tudo aquilo, Franz ocupou o seu lugar de sempre ao lado da lareira agora apagada e caiu num devaneio sem rumo. Enquanto se espreguiçava na sua velha poltrona, levantou as duas mãos e apertou-as por trás da cabeça, na sua posição favorita. A sua mão tocou em algo na prateleira atrás de si, bateu numa caixa que caiu ao solo com estrépito.

Era o estojo do violino de Klaus que caíra e rolara até os pés do discípulo. Em seguida, as cordas esbarraram na lareira de latão e emitiram um som prolongado, triste e melancólico, um gemido lastimoso que pareceu preencher toda a sala, ecoando na cabeça e no coração do jovem. Aquela corda quebrada do violino produziu um efeito mágico.

"Samuel, Samuel!" Gritou Stenio com os olhos esbugalhados. E de repente, um terror desconhecido tomou conta do seu ser. "Samuel! Que aconteceu? ... Meu bom, meu querido e velho mestre!" chamou-o e correu para a pequena sala do professor, abrindo a porta violentamente. Ninguém respondeu, tudo permanecia em silêncio.

Franz retrocedeu assustado com o som da própria voz, que lhe pareceu, nesse momento, mudada e rouca. Não houve qualquer resposta à sua chamada. Nada aconteceu, prevaleceu um silêncio mortal ... aquela paz que pertence ao domínio dos sons e que geralmente significa a morte. Na presença de um cadáver, como na quietude lúgubre de um túmulo, o silêncio adquire um poder misterioso que fulmina a alma sensível com um terror sem nome... O pequeno quarto estava às escuras, e Franz apressou-se em abrir as persianas.

Samuel encontrava-se deitado sem vida na sua cama, frio, hirto. Franz experimentou uma revolta e um choque terrível ao ver o cadáver daquele que o amara tanto e que tinha sido para ele mais do que um pai. A ambição fanática do artista sobrepôs-se, porém, ao desespero do homem, sufocando os sentimentos deste em poucos segundos. Foi quando sua vista ainda perturbada se fixou em uma carta que lhe era dirigida e que dizia:

"Franz, filho querido,

> "Quando leres esta, teu velho mestre e amigo já terá feito o maior sacrifício que poderia fazer para a tua fama. Ele, que tanto te amava, é agora um pedaço inanimado de barro. Do teu velho professor, resta apenas um pedaço frio de matéria orgânica. Já sabes o que te

cabe fazer. Não temas preconceitos idiotas. Por tua futura fama é que faço do meu corpo uma oferenda, serias culpado da mais negra ingratidão se tornasses inútil este meu sacrifício. Quando tiveres substituído as cordas do teu violino, sendo estas cordas uma parte do meu próprio ser, ele adquirirá sob o teu toque o poder daquele feiticeiro maldito, todas as vozes mágicas do instrumento de Paganini. Vais encontrar nele os ecos da minha voz, os meus suspiros e gemidos, a minha canção de boas-vindas, enfim, todas as entonações mais patéticas de meu imenso amor por ti. Assim, pois, meu Franz, nada temas: não vaciles! Leva o teu instrumento contigo e segue os passos daquele que semeou o desespero e a desgraça na senda de nossas ilusões... Apresenta-te em cada arena onde ele tem reinado sem um rival e lança-lhe corajosa e frontalmente um desafio. Ó Franz! Só então ouvirás o poder mágico das notas repletas de amor desinteressado que o teu violino emitirá. Talvez, com um último toque, acariciando as suas cordas, lembrar-te-ás que uma vez elas foram parte do corpo do teu velho mestre, que agora te abraça e abençoa pela última vez. Samuel."

Duas lágrimas ardentes que relutavam em brotar dos olhos de Franz secaram quase antes de surgirem, enquanto que os seus olhos, com fulgores demoníacos, originados de seu orgulho e ambição sem limites, permaneciam fixos no medonho rosto do cadáver.

A pena resiste a escrever o que ali se passou mais tarde, depois de cumpridos os trâmites legais. O abnegado Samuel Klaus, com vista a satisfazer as autoridades e assegurar a impunidade de seu discípulo, havia previsto tudo e escrito outra carta à Justiça para que ninguém fosse responsabilizado pela sua morte. O veredicto foi, então: "Suicídio de causas desconhecidas". Depois da autópsia, o médico legista e a polícia retiraram-se, e o cadáver do pobre Klaus ficou sozinho no quarto da morte à completa disposição de seu herdeiro.

Mal transcorreram duas semanas desde aquele funesto dia, o violino de Franz já fora tirado de seu lugar, e quatro novas cordas grossas foram aplicadas e esticadas. Seu dono, o impassível Franz Stenio nem ao menos se atrevia a olhá-las. Tentou tocar, mas o arco tremia na sua mão, tal como um punhal nas mãos de um bandido inexperiente. Resolveu, então, não tocar novamente até que chegasse a memorável noite em que houvesse de competir com Paganini e, sem dúvida, até superá-lo.

O estupendo artista já tinha, entretanto, deixado Paris e estava dando uma série de magníficos concertos numa antiga cidade flamenga da Bélgica.

Parte V

Uma noite, encontrava-se o maestro Paganini no refeitório do seu hotel, cercado por uma multidão de admiradores, quando se acercou dele um estranho jovem com olhos selvagens e fixos, que lhe entregou um cartão de visita com umas tantas linhas a lápis.

Lançando sobre o intruso um olhar que poucas pessoas poderiam sustentar, e recebendo de volta um olhar tão calmo e determinado como o seu próprio, Paganini fez uma ligeira mesura, e disse secamente:

— Cavaleiro, será como desejas. Diga a noite. Estou à tua completa disposição.

No dia seguinte, a cidade estava estupefata com o surgimento de notas afixadas nas esquinas de todas as ruas com o estranho anúncio:

"Na noite de ..., no Grande Teatro ..., estreará perante o público Franz Stenio, um violonista alemão chegado a esta cidade com o objetivo de medir seus dotes musicais como violinista com o mundialmente famoso Paganini, competindo na interpretação de suas mais difíceis composições. O repto foi aceito nobremente por Paganini. Na disputa com o violinista sem rivais, o desafiante Franz Stenio vai tocar a famosa *Fantaisie Caprice* deste último, mais conhecida como Dança das Bruxas."

O efeito do aviso foi mágico, o que já era previsto pelo avaro Paganini, que nunca perdeu de vista os seus interesses financeiros em meio dos seus maiores triunfos. Assim, ele havia dobrado o preço normal do bilhete. Nada obstante, o teatro não poderia albergar as multidões que se reuniriam para garantir lugar para aquela memorável atuação.

Por fim, a manhã do dia do concerto chegou e não se falava de outra coisa na cidade e nas vizinhanças. Franz Stenio, sem sono, passara as horas infindáveis da madrugada anterior a andar de um lado para o outro no seu aposento como se fora uma fera enjaulada, caindo em sua cama, ao amanhecer, esgotado fisicamente. Aos poucos, passou de um estado quase comatoso para outro de descanso sem sonho. No sombrio amanhecer de inverno, acordou, mas deixou-se adormecer novamente, julgando que era demasiado cedo para se levantar. Teve, então, um macabro pesadelo, que mais parecia realidade do que sonho de tão real que fora, dando-lhe a certeza de se tratar de uma visão e não de um sonho.

Ele havia deixado o violino trancado no seu estojo sobre a mesa-de-cabeceira, cuja chave nunca havia abandonado. Desde o instante que o havia afinado com aqueles terríveis acordes, nunca mais o largou de vista, nem ao menos por um momento. Conforme já havia decido não tocara o seu violino desde o seu primeiro ensaio, e o seu arco nunca, a não ser uma única vez, tinha roçado as cordas humanas, pois havia sempre se exercitado noutro instrumento. No seu sono, viu-se a olhar para o estojo fechado, e havia algo nele que atraía a sua atenção, impossibilitando-o de afastar os olhos dele. De súbito, viu a tampa da caixa levantar-se lentamente e dentro entreviu dois pequenos olhos verdes fosforescentes, olhos demasiados familiares para ele, fixando-se nos dele de forma afetuosa e quase suplicante. Em seguida, uma voz difusa e estridente, como que enviada pelo horrível olhar, a própria voz e olhar de Samuel Klaus, ressoou ao ouvido horrorizado de Stenio e dizia-lhe:

"Franz, meu querido rapaz.... Franz, eu não posso, não, eu não posso me separar... delas!" As vozes soaram de forma comovente de dentro do estojo.

Franz, dominado pelo medo e sem palavras, sentia verdadeiramente o sangue congelar nas veias, e os cabelos eriçarem-se. "É só um sonho, um sonho sem sentido!", dizia ele tentando se convencer.

"Fiz todo o possível, Franzinho, tentei o meu melhor para desligar-me destas malditas cordas, sem as desfazer...", rogou a mesma voz estridente e familiar. "Você me ajudará a fazer isso?"

Os sons foram se tornando mais e mais agudos até ficarem fortes e estridentes, espalhando-se em todas as direções. Como um poder interior, algo vivo e serpenteante, as notas tornarem-se mais finas e mais irregulares a cada nova sacudidela.

Esta não fora a primeira vez que Stenio ouvira estes sons. Já os tinha notado anteriormente amiúde; na verdade, desde que tinha usado as vísceras do seu mestre para dar suporte à sua própria ambição. Mas, sempre que isso acontecia, uma sensação arrepiante impedia-o de investigar a causa, e ele vinha conseguindo, até então, persuadir-se de que se tratava meramente de uma alucinação.

Mas agora que estava frente a frente com o doloroso fato, se era um sonho ou realidade ele não o sabia, nem queria saber, de vez que a suposta alucinação era mais real e vivida do que qualquer realidade do mundo objetivo, sentia-se inevitavelmente paralisado. Tentou falar, dar um passo, mas não era capaz de pronunciar uma só palavra ou de mover um dedo, tal como acontece quase sempre nos pesadelos...

Os solavancos foram se tornando mais extremos a cada momento e, por fim, algo dentro do estojo estalou violentamente. A visão do seu stradivarius desprovido das suas cordas mágicas surgia diante dos olhos, provocando-lhe um suor frio de mudez e terror indizíveis.

O jovem fez um esforço supremo para se livrar dos pesadelos que o obcecavam, ao tempo em que um último sussurro suplicante da invisível presença repetia:

– Põe fim, ó, põe fim ... ajuda-me a desprender-me!

Franz saltou sobre o estojo como um tigre enraivecido que disputa a sua presa e, com agitado esforço, quebrou o feitiço, gritando num tom áspero e vacilante:

— Deixa o violino em paz, velho demônio do inferno!

Simultaneamente, fechou com violência a tampa que se tinha aberto por si própria e, enquanto a pressionava firmemente com a sua mão esquerda, agarrava com a direita um pedaço de breu de cima da mesa, desenhando no topo do tampo de couro o signo do Rei Salomão, o pentáculo, a estrela de seis pontas – o símbolo usado por aquele rei para enclausurar *djinns* rebeldes em suas redomas.

Um gemido ressoou dentro do estojo do violino, mais parecendo o uivo de uma loba que se lamenta da morte dos filhos pequenos. "Tu és ingrato... muito ingrato, meu amado Franz", soluçou a voz-espírito, desmanchando-se em lágrimas.

– Mas eu perdoo-te... pelo muito que ainda te estimo! No entanto, não me podes aprisionar.... rapaz. Eis aqui...observa!

E, ao dizer isso, uma névoa cinzenta cobriu o estojo e a mesa, estendendo-se por todo o aposento. A neblina se elevou e criou uma forma indistinta, que começou a crescer e, enquanto assim o fazia, Franz ia se sentindo tomado gradualmente pela friagem e envolvido em espirais viscosas de humidade, qual anéis de enormes serpentes.

O desventurado deu um grito terrível e despertou. Estranhamente, porém, não na sua cama, mas perto da mesa, tal como tinha sonhado, pressionando desesperadamente o estojo do violino com as duas mãos.

"Não foi senão um sonho .... apesar de tudo", murmurou ele ainda aterrorizado, libertando-se do peso da caixa do seu *stradivarius* que apertava contra o peito arfante.

Franz recompôs-se com grande esforço e destrancou o estojo para inspecionar o violino. Encontrou-o cheio de pó, mas funcionando. De repente, sentiu-se renovado e determinado como nunca.

Após limpar o instrumento com esmero, passou resina no arco, apertou e afinou as cordas. No início, fez tudo cuidadosa e timidamente, para depois usar o arco de forma ousada e em plena força, chegando até a ensaiar as notas iniciais das Bruxas. O som daquelas primeiras notas da peça, desafiadoras como a trombeta de guerra de um conquistador e, ao mesmo tempo, doces e majestosas como arpejos de serafins nas suas harpas de ouro para o deleite dos crentes, vibrou na própria alma de Franz, revelando-lhe nova e insuspeita potência do seu arco, que percorreu a composição, enchendo a sala com a mais esplendorosa onda melódica, inédita aos ouvidos do artista, até aquela noite.

Começando por tons ininterruptos de legato, o cântico do seu arco soava-lhe como a esperança e a beleza das noites de luar, quando a leve e balsâmica quietude dotava cada folha de grama e todas as coisas animadas ou inanimadas com uma voz e uma canção de amor. Por alguns breves momentos, uma torrente melodiosa, cuja harmonia, "afinada para suavizar a dor", foi calculada para fazer com que as montanhas chorassem, caso houvesse alguma na sala, e acalmá-las... e mesmo os poderes inexoráveis do inferno, cuja presença foi inegavelmente sentida neste modesto quarto de hotel. De repente, o solene cântico do legato, contrário a todas as leis da harmonia, estremeceu, tornou-se harpejo e terminou em *staccatos* estridentes, como os sons do riso de uma hiena. A mesma sensação arrepiante de terror que ele já tinha sentido anteriormente voltou a apoderar-se dele, e Franz atirou o arco para longe. Ele havia reconhecido o riso familiar e não toleraria mais daquilo. Vestindo-se, fechou com segurança o violino dentro do estojo e, levando-o para a sala de jantar, decidiu aguardar em silêncio a hora do julgamento.

Parte VI

O momento supremo tinha chegado, e Stenio achava-se em seu posto tranquilo, resoluto e quase sorridente.

O teatro estava completamente lotado e não havia lugar em pé na sala que pudesse ser comprado por qualquer quantia ou obtido por favoritismo. O singular desafio alcançara cada quarteirão que o correio pôde chegar, e o ouro fluía livremente para os bolsos insondáveis de Paganini, numa medida quase satisfatória até mesmo para a sua alma insaciável e mercenária.

Cabia ao famoso maestro começar.

Quando entrou em cena, as paredes do salão vibraram com os aplausos que o saudavam. Ele começou e terminou com a sua famosa As Bruxas no meio de uma onda de aplausos. Os gritos de entusiasmo foram tantos e tão demorados que fizeram Franz acreditar que a sua vez não chegaria nunca. Quando, por fim, no meio de ruidosos aplausos de um público frenético, foi permitido a Paganini retirar-se para os bastidores, os seus olhos recaíram sobre Stenio, que estava a afinar o seu violino, e ele ficou espantado com a calma serena e o ar de confiança do desconhecido artista alemão.

Quando Franz se aproximou do palco, foi recebido com glacial frieza. Ele, apesar disto, não se sentia minimamente desconcertado. Parecia muito pálido, mas os seus finos lábios brancos apresentavam um sorriso desdenhoso como resposta a essa indesejável recepção. Tinha certeza do seu triunfo. Às primeiras notas do prelúdio de As Bruxas, uma reação de espanto tomou conta da audiência. Sim, a execução musical era a mesma de Paganini, mas havia qualquer coisa mais. Não poucos chegaram a pensar que, nem mesmo nos seus melhores momentos de inspiração, o próprio artista italiano tivesse exibido tamanho poder diabólico ao executar aquela sua infernal composição. Sob a pressão dos dedos longos e musculosos de Franz, os acordes estremeciam como os intestinos palpitantes de uma vítima estripada sob a faca de um vivissecionista e gemiam melodiosamente como crianças moribundas. Os grandes olhos azuis do artista, fixados com uma expressão satânica sobre a caixa de ressonância, parecia evocar Orfeu das regiões infernais, em vez das notas musicais que deveriam ser geradas nas profundezas do violino. Os sons pareciam se transformar em formas objetivas, densas e precipitadas, que se uniam diante da evocação de um poderoso mago e giravam à sua volta como um exército de fantásticas figuras infernais, executando a "dança da cabra" das bruxas. Atrás do artista, nas profundezas vazias do fundo sombrio do palco, uma fantasmagoria inominável, produzida pelo encontro de vibrações sobrenaturais, pareciam formar imagens de orgias desavergonhadas, de himens voluptuosos, de um verdadeiro *Sabbath* de bruxas. O público viu-se, assim, presa de inevitável alucinação coletiva. Todos estavam ofegantes, paralisados e, demonstrando um horror inexpressivo, permaneciam encolhidos em seus assentos, incapazes de quebrar o feitiço da música por meio do mínimo movimento. Experimentavam todo o ilícito enervante das delícias do paraíso de Maomé, que se tornara numa desordenada fantasia de muçulmanos consumidores de ópio, e sentiram ao mesmo tempo o terror abjeto, a agonia de quem luta contra um tremendo ataque de delírio. Muitas senhoras gritavam em voz alta, outras desmaiavam, e homens fortes rilhavam os dentes, num estado de total desamparo...

Veio, então o *finale*. O aplauso ininterrupto e estrondoso atrasou o seu início, ampliando a pausa momentânea por quase um quarto de hora. Os bravos eram furiosos, quase histéricos. Finalmente, depois de uma profunda e última reverência, Stenio, cujo sorriso era tão sarcástico quanto triunfante, ergueu o seu arco para atacar o famoso final, com os olhos em Paganini, que calmamente sentado no camarote do diretor, absteve-se dos zelosos aplausos. Os pequenos e penetrantes olhos negros do artista genovês estavam fixos no stradivarius nas mãos de Franz, mas, por outro lado, parecia bastante frio e desinteressado. O rosto do seu rival preocupou-o, por um breve momento, mas recuperou a sua pose e, levantando mais uma vez o arco, lançou a primeira nota.

O entusiasmo do público atingiu, então, o clímax e não teve limites. O público escutou e viu de verdade. As vozes das bruxas ecoaram no ar e, sobre todas as outras vozes, uma voz foi ouvida,

> Dissonante e distinta de sons humanos;
> Parecia cães a latir, e lobos a uivar;
> Os ritos lúgubres da coruja da meia-noite;
> O silvo das cobras, o rugido de um leão com fome;
> O som de enormes vagas batendo na costa;
> O gemido dos ventos por entre florestas frondosas;
> A explosão de um trovão rasgando a nuvem;
> Foram estas, todas estas numa só...

O arco mágico lançava os seus últimos acordes trêmulos – famosos entre os feitos musicais prodigiosos – imitando a fuga precipitada das bruxas antes do amanhecer, das mulheres profanas saturadas com a fumaça das suas orgias noturnas, quando algo estranho aconteceu no palco. Sem a menor transição, as notas mudaram de repente. No seu voo de subida e de descida, a sua melodia foi inesperadamente alterada na sua coerência. Os sons tornaram-se confusos, dispersos, desconectados... e então – parecia a partir da caixa de ressonância do violino – saíram ruídos chocantes, como os de lutas de rua, gritando do alto uma voz senil:

— Estás satisfeito, Franz, meu rapaz... não mantive de modo glorioso a minha promessa, hein?

Cumpri, ou não cumpri minha promessa, Franz, filho querido? Estás, pois, contente comigo e o com o meu sacrifício?

O feitiço foi quebrado. Embora ainda incapazes de perceber toda a situação, aqueles que ouviram a voz e os tons de uma personagem grotesca foram libertados, como que por magia, do terrível feitiço sob o qual tinham sido aprisionados. Altos rugidos de riso, exclamações zombeteiras meio de raiva e irritação foram agora ouvidos de todos os cantos do vasto teatro. Os músicos da orquestra, com rostos ainda pálidos pela estranha emoção, foram agora vistos sacudindo-se de tanto rir, e toda a audiência levantou-se dos seus assentos, como se fosse um único homem, incapaz ainda de resolver o enigma; as pessoas sentiram-se, contudo, demasiado enjoadas e propensas ao riso para continuar por mais um momento que fosse no edifício.

Mas, de repente, o mar de cabeças em movimento nas baias e no fosso ficou novamente imóvel, petrificado, como que atingido por um raio. O que todos viram foi suficientemente terrível: o rosto bonito, embora selvagem, do jovem artista, subitamente envelhecido, e a sua graciosa figura ereta curvada, como que sob o peso dos anos; mas isso não era nada para aquilo que alguns dos mais sensíveis claramente percebiam. A pessoa de Franz Stenio estava agora inteiramente envolta numa névoa semitransparente, quase nuvem, que se arrastava num movimento serpentiforme e, gradualmente, engolfava a forma viva, como que pronto a engoli-la. Houve também quem distinguisse nessa alta e abominável coluna de fumo uma figura bem definida, uma forma que mostrava os contornos inconfundíveis de um homem grotesco e sorridente, mas terrivelmente feio, cujas vísceras saltavam para fora e tinham as extremidades esticadas no violino.

Dentro desse véu nebuloso e trêmulo, o violinista foi, então, visto esfregando furiosamente o seu arco nas cordas humanas, com as contorções de um endemoninhado, tal como os vemos representadas em pinturas de catedrais medievais.

Pânico indescritível perpassou os presentes, e agora, pela última vez, pela magia que novamente os unia imobilizados, cada criatura viva no teatro disparou em louca corrida em direção à porta. Era como a súbita explosão de uma barragem, uma torrente humana, rugindo em meio a uma chuva de notas discordantes, guinchos idiotas, gemidos prolongados e lamentosos, gritos de frenesi cacofônico, acima dos quais, como as detonações de tiros de pistola, ouviu-se o rompimento das quatro cordas esticadas sobre a placa de som do violino enfeitiçado.

Quando o teatro foi esvaziado até o último homem da audiência, o apavorado gerente correu para o palco à procura do infeliz artista. Foi encontrado morto e já rígido, por detrás das luzes da ribalta, contorcido nas posturas mais antinaturais possíveis, com as cordas do violino enroladas curiosamente em volta do seu pescoço, e o violino estilhaçado em mil fragmentos...

Quando se tornou público que o infeliz pretendente a Niccolo Paganini não havia deixado um centavo para pagar seu funeral e o seu hotel, o genovês, apesar de sua mesquinhez proverbial, pagou a conta do hotel e teve o pobre Stenio enterrado às suas próprias expensas. Reivindicou, contudo, em compensação, os fragmentos do stradivarius como recordação do estranho evento.

Os "espíritos" vampiros[1]

Tudo o que há de organizado neste mundo, as coisas visíveis e as invisíveis, tem um elemento que lhe é próprio. O peixe vive e respira na água; a planta consome o gás carbônico, que nos animais e nos homens produz a morte; alguns seres foram feitos para viver em camadas rarefeitas de ar, outros existem apenas nas mais densas. A vida, para alguns, depende da luz do Sol; para outros, da escuridão; e é assim que a sábia economia da natureza adapta uma forma viva a cada condição de existência. Essas analogias permitem concluir não só que não existe uma porção desocupada na natureza universal, mas também que para cada coisa que tem vida são fornecidas condições especiais e, tendo sido fornecidas, elas são necessárias. Assim, admitindo-se que há um lado invisível, as condições fixas da natureza autorizam a conclusão de que essa metade está ocupada, como também a outra; e de que cada grupo de seus ocupantes está provido das condições indispensáveis de existência. O fato de que há espíritos implica que haja uma diversidade de espíritos; pois os homens diferem, e os espíritos humanos são apenas homens desencarnados.

[1] Este artigo, denominado originalmente *Los 'Espíritus' Vampiros*, foi publicado pela Sociedade Teosófica na Espanha, no início de século XX, no livro *Narraciones Ocultistas y Cuentos Macabros*, que foi montado a partir da compilação de artigos e trechos de livros de H. P. Blavatsky e que está enriquecido com comentários do renomado escritor teosófico Mário Roso de Luna (1872 – 1931). O material do artigo em pauta foi organizado por Francisco de Montolin y de Togores (1861 – 1892), um dos fundadores da Sociedade Teosófica na Espanha, que morreu precocemente em grande sofrimento. Para elaborar seu trabalho, Togores traduziu do inglês e compilou seletivamente trechos do livro *Ísis Sem Véu*, que, na edição brasileira, se encontram no cap. 10 do Vol. 2, a partir da p. 53. (o texto original pode ser encontrado em *https://docslide.net/documents/paginas-ocultistas-y-cuentos-macabros.html.*). (NT).

Dizer que todos os espíritos são semelhantes, ou foram feitos para viver na mesma atmosfera, ou que possuem poderes iguais, ou são governados pelas mesmas atrações – elétricas, magnéticas, ódicas, astrais, não importa quais –, é tão absurdo quanto dizer que todos os planetas têm a mesma natureza, ou que todos os animais são anfíbios, ou que todos os homens podem ser alimentados com a mesma comida. Muitíssimo mais razoável é supor que, dentre os espíritos, as naturezas mais grosseiras descerão às alturas mais profundas da atmosfera espiritual – em outras palavras, estarão mais próximas da Terra. Ao contrário, as mais puras estarão mais longe do ambiente terrestre... Supor o contrário e pensar que qualquer desses graus de espíritos podem ocupar o lugar e as condições dos outros equivaleria a esperar que, na hidráulica, dois líquidos de densidades diferentes pudessem fazer uma troca na escala do hidrômetro de Baumé.

Görres, ao descrever (*Mystiques*, III, 63) uma conversa que manteve com alguns indígenas na costa do Malabar, narra que, ao lhes indagar sobre o fato de lhes aparecem fantasmas, eles lhe responderam: "Sim, mas nós os conhecemos como espíritos maus." Os bons aparecem mui poucas vezes. O maus espíritos são geralmente de suicidas ou de pessoas assassinadas, ou seja, das que morreram de formas violentas. Eles flutuam ao nosso redor e aparecem-nos como fantasmas, enganando as pessoas de curto alcance e tentando as demais de mil maneiras diferentes, sendo a noite especialmente favorável a isso."

Porfírio (*De Sacrificilis*, capítulo de *O Verdadeiro Culto*) apresenta-nos alguns fatos repugnantes cuja veracidade está consubstanciada na experiência de todo estudioso de Magia. "A alma de pessoas perversas", diz ele, "tem, mesmo após a morte, certo apego a seu corpo e afinidade com ele proporcional à violência com que se rompeu a sua união. Por isso, quando desenvolvemos certas faculdades podemos ver muitos espíritos pairando em desespero em torno dos seus restos terrestres; vemo-los até mesmo procurando ansiosamente os restos pútridos de outros cadáveres e, sobretudo, o sangue recentemente vertido, o que parece infundir-lhes, por um momento, vida material." Se algum espiritista põe em dúvida as palavras do grande teurgo, não tem mais que ensaiar em suas sessões de materialização os efeitos de um pouco de sangue humano recém-derramado. "Os deuses e os anjos", diz Jâmblico, "aparecem-nos na paz e na harmonia; os demônios maus fazem com que tudo se agite em confusão. (...) E quanto às almas comuns, é muito difícil que possamos percebê-las."

A alma, com efeito, nasce neste mundo, deixando o outro mundo no qual existia antes de se encarnar na Terra ... Ela parece então morrer quando se separa do corpo, no qual, como numa barca frágil, cruzou esta vida ... Mas a morte não aniquila a alma, apenas a transforma ora em um ser protetor como aqueles que os romanos reconheciam e reverenciavam com nomes tais como *manes*, *penates* e lares; ora, se foi perversa, em uma larva, um lêmure, um espírito errante, o terror do ímpio ... Se, por razão de vícios, crimes e paixões animais, um espírito desencarnado tiver na oitava esfera (o Hades alegórico pagão, ou o geena do Bíblia, que é a região mais próxima da nossa Terra), ainda pode se arrepender com o vislumbre de razão e consciência que ainda conserva ... Um desejo ardente de compensar os seus sofrimentos, um desejo fervoroso de retorno, pode trazê-lo de volta à atmosfera terrestre, onde permanecerá vagando e sofrendo mais ou menos em sua triste solidão. Seus instintos irão induzi-lo a buscar avidamente o contato dos vivos ...

Tais espíritos são os invisíveis, mas também palpáveis, vampiros magnéticos; os demônios subjetivos tão bem conhecidos por freiras e frades contemplativos da Idade Média e pelos "feiticeiros" a quem o *Martelo dos Feiticeiros* deu tanta fama; verdadeiros clarividentes e sensitivos de acordo com suas próprias confissões. Eles são os demônios sanguinários de Porfírio; as larvas e lêmures dos antigos; os abomináveis instrumentos de sugestão que levaram tantas infelizes e débeis vítimas à tortura e ao patíbulo. Orígenes sustenta que muitos demônios obsessores dos possessos do Novo Testamento eram "espíritos" humanos ... Moisés sabia perfeitamente quem eram esses desafortunados e não ignorava as tremendas consequências a que estavam expostas as pessoas que cediam a tais influências demoníacas, razão pela qual ele promulgou seus terríveis decretos contra tais "bruxos". Jesus, por outro lado, cheio de justiça e amor divino para com a humanidade, limitava-se a curá-los em vez de matá-los. Mais tarde, no decorrer do tempo, nosso clero, pretenso modelo de virtudes cristãs, seguiu a lei de Moisés, dispensando Aquele a quem eles chamavam de "seu Deus vivo", queimaram milhares daqueles pretensos feiticeiros ... Feiticeiros! Denominação fatídica que naquele tempo vinha acompanhada da morte mais ignominiosa e que nos dias atuais suscita, por outro lado, uma tempestade de sarcasmo e ridículo!

As histórias dos sortilégios de Salem, tal como as encontramos registradas nas obras de Cotton, Mather, Calef, Upham e outras, são um capítulo trágico na história da América, que nunca foi descrito de acordo com a verdade dos fatos.

No povoado de Salem Vitcheraft, quatro ou cinco meninas sentiram-se convertidas em médiuns espontâneas, como diríamos hoje, depois de terem convivido com uma nativa negra do Oeste norte-americano, que era muito hábil nas operações de magia negra conhecida por rito de Obeah. As garotas mencionadas começaram a se sentir maltratadas por alfinetadas, beliscões e mordidas em diferentes partes do corpo, devido a fantasmas invisíveis que não lhes davam um momento de descanso. A famosa *Narração de Deodat Lawson* (Londres, 1704), afirma que "os espíritos obsessores das meninas, maltratavam-nas pelo conhecido método feiticeiro de *emboutement*, ou seja, das figurinhas de cera, trapos etc., que representavam as vítimas, e nas quais cravavam alfinetes, davam beliscões etc., que então, por telepatia, eram sentidos pelas infelizes jovens." O sr. Upham relata-nos que Abigail Hobles, uma dessas meninas, reconheceu que havia feito um pacto com o diabo, "que lhe aparecia na forma de um homem jovem, o qual lhe ordenara atormentar as donzelas a quem conhecia, levando-lhe imagens madeira, que se pareciam mais ou menos com as jovens, e espinhos para que cravasse nessas imagens, o que ela fazia ao pé da letra, sentindo, então, as moças a mesma dor que experimentariam se lhes cravassem os espinhos na carne".

Todos esses lamentáveis fatos históricos, cuja validade foi comprovada pelo irrefutável testemunho dos tribunais que conheceram a causa, confirmam a doutrina de Paracelso, sendo por demais surpreendente que um sábio tão sério como Upham, pudesse ter acumulado, nas mil páginas dos dois volumes de sua obra, tal massa de evidência legal para demonstrar a intervenção naqueles eventos de almas ainda ligadas à Terra e de espíritos maliciosos da natureza, sem suspeitar da verdade oculta que está por trás dessas tragédias, já que, há alguns séculos, Lucrécio punha na boca do velho Ênio estas frases de perfeito ocultismo, que dizem:

Bis duo sunt hominis: juba, cara, espíritos, umbra;
Quator ista loci bis duo suscipiente:
Terra tegil carnem; lumulam circanivolat umbra,
Orcus habet manes.

Em relação a essa classe de fatos, por incríveis que hoje possam parecer ao nosso ceticismo, não deveríamos nos perguntar, imparciais, qual dos escritores antigos menciona fatos da natureza aparentemente sobrenaturais, mas, sim, qual deles não os menciona. Na Odisseia de Homero (v. 82), vemos Ulysses evocando o espírito de seu amigo, o adivinho Tirésias, mediante a cerimônia da "festa do sangue". O herói de Tróia desembainha sua espada, afugentando com ela os milhares de fantasmas sedentos atraídos pelo cruento sacrifício, e seu próprio amigo Tirésias não se atreve a se aproximar da vala sangrenta, enquanto Ulisses brande a arma do crime ... Ao troiano Enéias, em *Eneida* de Virgílio (livro VI, v. 260), ao tentar descer para o reino das sombras, a Sibila que o guia nos seus umbrais, ordena que ele desembainhe sua espada e abra caminho através da multidão compacta de sombras fugazes, que sedentas, impedem-lhe a passagem: *Taque invade viam, vaginâque eripe ferrum.*

Glanvil, em seu *Sadducismus Triumphatus*, faz uma resenha maravilhosa da aparição do "tamborileiro de Tedworth", ocorrida em 1661, e na qual o *scin-lecca*, ou o duplo do feiticeiro tamborileiro, assustou-se grandemente à vista de uma espada. Psellus, em sua obra *De Daemon*, faz uma longa narração sobre o terrível estado em que afundou sua cunhada devido à possessão de um *daimon* elementar, e como foi curada pelo conjurador Anaphalangis, que começou a ameaçar com a espada desembainhada o obsessor invisível daquele corpo, até que ele fosse expulso. Psellus então expõe o catecismo da demonologia nestes termos ou noutros semelhantes:

Desejais saber se os corpos invisíveis dos espíritos podem ser feridos com uma espada ou outra arma qualquer? Pois sabei que sim, eles podem ser graves. Um objeto duro jogado neles causar-lhes-á dor correspondente a que teriam se ainda estivessem vivendo aqui abaixo; porque, embora seus corpos já não sejam formados pelas substâncias resistentes que os nossos possuem, nem por isso deixam de ser sensíveis, porque, em seres dotados de sensibilidade, não são apenas seus nervos que têm a faculdade de sentir, mas também o espírito que reside neles ... Sem ajuda de qualquer organismo físico, o espírito vê, ouve e sente qualquer contato ... Se o dividirdes em dois, sentirá a mesma dor que qualquer homem vivo experimentaria, porque seu corpo atual não deixa de ser matéria, embora de uma natureza tão sutil que geralmente é invisível aos nossos olhos.

... No entanto, há uma coisa que distingue o corpo dos vivos dos corpos dos mortos: quando os membros de uma pessoa viva são seccionados, as duas porções não podem ser reunidas facilmente, enquanto o corpo etéreo de um demônio se reintegra imediatamente depois de ter sido completamente cortado, da mesma maneira como a água ou o ar se juntam depois de um corpo sólido passar por eles. Mas, apesar disso, qualquer arranhão ou ferida produzida causa dor àquele demônio, e é por isso que todos temem a ponta da espada ou outros instrumentos de defesa.

Bodin, o mais sábio demonólogo de seu século, mantém a mesma opinião tantas vezes repetida por Porfírio e Jâmblico, seguindo Platão e Plutarco, como bem o sabem todos os teurgistas. Na *Demonologia* aquele sábio nos conta:

Lembro-me que, em 1557, um demônio elemental, daqueles chamados relampagueantes, caiu como um raio na casa do sapateiro Pondot, e imediatamente começou a chover pedras por toda a casa, com as quais casa pude encher uma arca. A dona da, então, fechou hermeticamente as janelas, mas isso não impediu que as pedras continuassem caindo, embora sem machucar nenhum dos presentes. O magistrado Latomí veio informar-se, porém, nem bem entrou, quando o espírito lhe arrebatou o chapéu. Seis dias se passaram assim, quando o conselheiro M. J. Morgues também veio me procurar para esclarecer tal mistério. Quando entramos na casa, alguém já havia aconselhado o dono a se entregar a Deus de todo o coração e a brandir sua espada desembainhada com energia por toda a sala. A partir daquele momento cessaram, como que por encanto, aqueles fenômenos que os haviam molestado por uma semana.

Os livros de feitiçaria da Idade Média estão cheios de narrativas análogas, mas os filósofos mais antigos não apenas mencionam histórias análogas, mas as descrevem e analisam pontualmente.

Proclo figura na dianteira no caso de tais maravilhas. Verdadeiramente causa pasmo a coleção de fatos que apresenta, corroborados por testemunhas, incluindo alguns filósofos famosos. Ao recordar muitos casos de seu tempo, em que não poucos cadáveres foram encontrados em posições diferentes em suas sepulturas, fatos atribuídos a larvas ou vampiros, "como os casos, acrescenta ele, referidos pelos antigos sobre Aristeu, Epimênides e Hermodoro", ou como outros cinco na *História de Clearco*, o discípulo de Aristóteles. Para finalizar, ele cita o caso de Filonea. Esta filha de Demostrator, acrescenta, casado contra sua vontade com um tal Krotero, morreu pouco depois, mas após seis meses de sua morte, voltou à vida, como disse Proclo, por causa de seu antigo amor pelo jovem Macates, a quem visitou por muitas noites sucessivas, até que ela, ou melhor, o vampiro que fazia suas vezes, morreu de raiva. Seu cadáver, após sua segunda morte, foi visto, por toda a cidade, na casa de seu pai, enquanto seu túmulo era encontrado vazio. Tal evento é confirmado pelas *Epístolas de Hiparco* e pelas de Arrietus a Filipos, de acordo com Catherine Crowe em seu *Nighi-Side of Nature*, p. 335. Demócrito, em seus escritos sobre o hades, disserta, em suma, extensivamente sobre as possibilidades de que alguns mortos retornarem à vida.

Para enfatizar a timidez, frivolidade e preconceitos com que esses e outros milhares de fatos do passado costumam ser julgados, é suficiente folhear a obra *História do maravilhoso nos tempos modernos* do Dr. Figuier. O trabalho, apoiado por testemunhos tão valiosos quanto o do famoso Dr. Calmeil, diretor do asilo de lunáticos de Charentón, ocupa-se, bem documentadamente, dos profetas de Cévennes; os *camisardos*, os *jansenistas*, o diácono Paris e uma centena de outras epidemias de neurose registradas na história dos últimos séculos e que só ligeiramente podemos mencionar, especialmente porque foram descritas por todos os autores modernos que lidaram com esses problemas.

Os surpreendentes fenômenos dos convulsionários Cevennes apresentaram-se como uma epidemia ao final de 1700. As medidas desumanas tomadas pelos católicos franceses para extirpar o espírito de profecia que tinha tomado uma população inteira são eventos históricos sobre os quais não temos porque insistir. O simples facto de que um punhado de homens, mulheres e crianças, de apenas duas mil pessoas, resistisse por anos aos 60.000 soldados do rei, já foi em si um prodígio. Todas essas maravilhas ocorridas com eles estão registradas nos processos que hoje estão preservados nos Arquivos da França. Entre eles existe o relatório oficial do feroz abade Chayla, prior de Lava, levado a Roma e onde ele se lamenta pelo fato de que o espírito maligno fosse tão poderoso, a ponto de que nem exorcismo nem tortura inquisitorial alguma conseguisse desalojá-lo dos *cevennenses*. O abade acrescentou que ele próprio pôs as mãos dessas pessoas sobre brasas, envolveu várias delas em algodão impregnado de óleo e lhes pôs fogo sem que, em ambos os casos, elas se chamuscassem ou tivessem uma só bolha formada na epiderme; que as balas de tiros dados contra elas, à queima-roupa, apareciam esmagadas entre as suas roupas e a pele, sem lhes trazer um arranhão sequer etc...

No final do século XVII, diz o Dr. Figuier após relatar tudo isso, uma anciã importou de Cevennes aquele espírito de profecia, que prontamente se comunicou com vários jovens de ambos os sexos, resultando o contágio generalizado. Homens, mulheres, crianças de tenra idade tornaram-se torrentes da mais estranha inspiração, expressando-se não em dialetos comuns, mas no mais correto francês, uma língua mui pouco conhecida na região naquela época. Até mesmo as crianças de peito profetizavam. Oito mil profetas, continua ele, se espalharam pelo país, e metade das faculdades de medicina da França, inclusive a de Montpeller, apressaram-se em estabelecer-se em Cevennes, declarando-se maravilhadas e confusas ao ouvir pessoas sem nenhuma cultura literária dissertar eruditamente sobre coisas das quais jamais souberam uma palavra e até mesmo crianças de colo expressarem-se com igual lucidez durante horas ... Aquilo, acrescenta o comentador, não era uma exaltação momentânea das faculdades intelectuais, fenômeno que pode ser observado em muitas doenças do cérebro" ... Exaltação momentânea, que durava muitas horas, no cérebro de bebês, falando em francês correto antes que tenham aprendido uma só palavra de seu dialeto: oh, milagre da fisiologia! Prodígio deveria ser o teu nome, exclama o católico Des Mousseaux ao comentar o trabalho de Figuier em seu *Os costumes e práticas dos demônios.*

Vejamos agora os prodígios não menos célebres dos jansenistas segundo o dr. Figuier, munido de grande cópia de dados históricos. Conta-nos ele.

O diácono Paris foi um jansenista que morreu em 1727. Imediatamente após sua morte, começaram a ocorrer junto com seu túmulo os mais surpreendentes fenômenos. O cemitério transbordava com pessoas desde manhã até a noite, e os jesuítas, exasperados ao ver que os hereges verificavam as curas mais maravilhosas e todos os tipos de prodígios, recorreram às autoridades, obtendo delas a ordem de que se fechasse a entrada para o túmulo do famoso diácono. Mas, apesar de todos os obstáculos, as maravilhas continuaram por cerca de vinte anos. O bispo Douglas, que foi a Paris com este único propósito, visitou o túmulo e pode verificar que os milagres continuavam entre convulsionários tal como o primeiro dia; coisa pela qual, forçosamente, como de costume, o diabo foi responsabilizado. O próprio Hume, em seu *Ensaios filosóficos*, acrescenta:

Nunca será certamente atribuído a uma única pessoa tantos milagres quanto os que ocorreram recentemente no túmulo do diácono Paris. Em todos os lugares se viam doentes que tinham sido curados, surdos que voltaram a ouvir e cegos que haviam recuperado a visão em virtude do santo sepulcro. Mas o mais extraordinário é que muitos dos ditos milagres aconteceram no mesmo local do túmulo perante juízes de seriedade e retidão inquestionáveis, numa época esclarecida; fatos que nem os próprios jesuítas, apesar de serem pessoas comumente instruídas, terem o apoio das autoridades civis e serem decididos inimigos das opiniões favoráveis à origem dos milagres realizados, foram capazes de negá-los, refutá-los ou descobrir a sua verdadeira causa. Tal é a verdade que lança o testemunho histórico sobre tais eventos.

Dr. Middleton, em seu *Investigação livre*, uma obra que ele escreveu sobre esses fenômenos depois de dezenove anos que elas começaram e quando já estavam em franco declínio, declara que a evidência de tais milagres é tão plena e indiscutível quanto, pelo menos, as maravilhas a que se referem os apóstolos. Na verdade, estes fenômenos, cuja autenticidade é comprovada por muitos milhares de testemunhos perante magistrados e a despeito do então onipotente clero católico, devem ser colocados entre os mais incríveis já registrados pela história. Carré de Montgeron, um membro do Parlamento que se tornou famoso por suas relações com os jansenistas, enumera-los cuidadosamente em quatro grossos volumes in dedicados ao rei, sob o título de *La Vérité des miraeles operés par l'intercessão de M. Paris, demontrée contre l'Archevêque de Sens*. Por sua irreverência para com o clero romano, ele foi preso na Bastilha; mas era tal o acúmulo de testemunhos pessoais e oficiais invocados para provar cada um dos casos, que a obra foi aceita.

"Uma das convulsivas", diz Figuier, apoiada pelas costas na ponta de uma estaca afiada, mantinha-se curvada em forma de arco com a maior impassibilidade. O maior prazer que poderia ser dado a essa criatura era aplicar-lhe, em tal posição e em seu estômago, o golpe de um pedregulho de cinquenta libras suspenso de uma roldana. Montgeron e muitas outras testemunhas acrescentam que, não só a menina não mostrava hematomas, mas estava pedindo em voz alta que se batesse ainda mais forte.

Juana Maulet, outra garota de vinte anos, encostada na parede, recebia em seu epigástrio centenas de golpes dados por um brutamontes com um martelo de trinta libras sobre um trato de ferro apoiado no estômago da débil paciente. Crer-se-ia, acrescenta Montgeron ao relatar o fato, que o trato deveria afundar nas entranhas da jovem, mas, pelo contrário, ela gritava com seu rosto radiante de felicidade: "Oh, que delícia, e quanto prazer esse espancamento me causa! Ânimo, irmão, e golpei com força dobrada, se você puder! ...

A relação oficial de tais maravilhas, que é muito mais completa que a de Figuier, acrescenta outros detalhes, como o daqueles que se punham serenamente a descrever eventos distantes, logo comprovados infalivelmente; o de manterem-se esses convulsionários no ar graças a uma força invisível e sem que todos os esforços reunidos pelos membros da Comissão se mostrassem capazes de fazê-los descer. Foram vistas mulheres idosas escalando com agilidade de gatos selvagens paredes verticais de até 9 metros de altura.

O dr. Calmeil, diretor do Hospital de Loucos de Charentón, deu sobre esses e outros fenômenos análogos a explicação costumeira que lhes dão os médicos: "o meteorismo ou a plenitude dos gases no trato digestivo; o estado espasmódico do útero das mulheres; o intumescimento dos envoltórios adiposos das camadas musculares que protegem e cobrem o abdômen etc.; acrescentando que a surpreendente resistência oferecida pelo corpo dos convulsionários se deveu à histeria ou epilepsia, uma força que tem alguns pontos de contato com as mudanças de sensibilidade que se produzem pelo medo, a raiva, em uma palavra, qualquer outra paixão de ânimo levada ao paroxismo. Para o terrível crítico católico Des Mousseaux, em seu trabalho acima mencionado, ele responde cheio de indignação com essa e outras opiniões similares de nossa ciência médica:

Estava o médico ilustre plenamente desperto quando formulou tais teorias? ... Se ele ou o dr. Figuier quisessem manter seriamente suas afirmações categóricas, poderíamos dizer-lhes: "Vocês nos permitiriam uma vez, por experiência, insultá-los tão duramente que venham a explodir em justa indignação contra nós ao ouvir de nossos lábios, por exemplo, que vocês falsificam a ciência e enganam seu público e, aproveitando esse momento, repetíssemos com vocês as experiências de Cevennes, dando-lhes uma saudável massagem com estacas ou garrotes, certos de que nada resultaria desses terríveis golpes, dado o estado de insensibilidade a que a raiva de vocês certamente os levaria?"

É inútil acrescentar que o desafio de Des Mousseaux permaneceu, para sempre, sem resposta.

Voltemos aos fatos de vampirismo.

Verdadeiras ou falsas, há entre os orientais "superstições" de tal natureza como jamais poderia sonhar um Edgard Poe ou um Hoffmann, e essas crenças estão infiltradas no próprio sangue das nações que lhes deram vida. Cuidadosamente expurgadas de todo exagero, ver-se-á que encerram uma crença universal naquelas almas astrais, inquietas e errantes conhecidas pelos nomes de *gulas*, ou vampiros. Um bispo armênio chamado Yeznik, do século V, cita alguns exemplos dessa classe no livro I, parágrafos 20 e 30, de uma obra manuscrita que foi preservada há uns trinta anos na biblioteca do mosteiro de Etchmeadzine, na Armênia russa. Entre outras, existe uma tradição que remonta aos tempos do paganismo, segunda a qual, sempre que um herói cuja vida ainda é necessária na Terra, cai sobre o campo de batalha, os *aralez*, ou sejam, os antigos deuses populares do país, que possuem a faculdade de fazer voltar à vida aqueles que morreram em combate, lambem as feridas sangrentas da vítima e sopraram sobre elas até que tenham comunicado a eles uma vida nova e vigorosa, depois do que o guerreiro se ergue, desaparecem todas os seus ferimentos e ele volta a ocupar seu lugar na batalha. Porém, o espírito imortal do herói voa para muito longe enquanto isso e vive o resto de seus dias em um templo abandonado e longínquo.

Então, por outro lado, como um adepto, já não pertence mais a este mundo, pois era iniciado no último e mais solene mistério da transmissão da vida, o sétimo e temível rito da grande operação sacerdotal que constitui a mais alta teurgia... Sua alma já estava livre desde aquele momento, e os sete pecados capitais, até então sempre à espreita para devorar o seu coração no momento em que sua alma libertada pela morte atravessasse as sete escadas e os sete portais, não podiam mais machucá-lo nem na morte nem na vida, porquanto ele já havia ultrapassado as sete provas duais e os doze trabalhos da hora final. O Sumo Hierofante era o único que sabia como realizar essa solene operação de infundir seu próprio alento vital e sua própria alma astral no adepto escolhido por ele para sucedê-lo, que era assim dotado de uma dupla resposta vital.[2]

A Epístola V aos Hebreus trata do sacrifício de sangue. "Onde há uma vontade", diz, "deve necessariamente mediar a morte do mediador ... Sem o derramamento de sangue não há remissão nenhuma ..."[3] O sangue produz fantasmas, e suas emanações fornecem a certos espíritos os materiais necessários à formação de suas aparições transitórias. "O sangue", diz Eliphas Levi, "é a primeira encarnação do fluido universal, a luz vital materializada. Sua produção é a mais maravilhosa de todas as maravilhas da natureza; vive, porque se transforma perpetuamente, sendo o Proteu universal efetivo. O sangue vem de princípios nos quais antes não havia nada análogo, e que se torna carne, ossos, cabelo, suor, lágrimas ... A substância universal, com seu duplo movimento, é o grande arcano do Ser, o sangue está em seu tempo o grande arcano da vida."

"O sangue", diz o hindu Ramatsariar, "contém todos os

[2] O feroz costume introduzido mais tarde entre o povo de sacrificar vítimas humanas é uma mera cópia pervertida dos mistérios teúrgicos. Os sacerdotes pagãos que não pertenciam à classe dos hierofantes continuaram a praticar por algum tempo esse ritual horrível, o qual servia para esconder seus verdadeiros propósitos. Mas, o grego Héracles é representado como o adversário dos sacrifícios humanos e o destruidor dos homens ou monstros que os oferecessem. Bunsen demonstra, apoiando-se no fato de que nos mais antigos monumentos não se nota figura ou sinal algum que indiquem que, naquele tempo, havia sacrifícios humanos, os quais foram abolidos no antigo império, ao final do século VII, depois de Menes . Além disso, três mil anos antes de Jesus Cristo, Hipócrates proibiu severamente os sacrifícios humanos entre os cartagineses. Difilus ordenou que que as vítimas humanas fossem substituídas por touros. Amoris forçou os sacerdotes a substituir as vítimas por figuras de cera.

[3] Ver Hebreus 13:12-22. (NT).

segredos da existência; nenhum ser vivo pode existir sem ele. Comer sangue é profanar a obra do Criador." Por essa razão, Moisés, seguindo a tradição universal, proíbe fazê-lo.

Paracelso escreve que, com os vapores de sangue, pode-se evocar qualquer espírito que se queira ver, já que, com suas emanações, formar-se-ão uma aparição, um corpo visível, mas isso é perfeita feitiçaria ou necromancia. Os hierofantes de Baal faziam incisões profundas em seus corpos e, com seu próprio sangue, produziam aparições objetivas e tangíveis. Os seguidores de certa seita persa, muitos dos quais são vistos nas proximidades de estabelecimentos russos de Temer-chan-Shoura e Derbent, têm mistérios religiosos durante os quais formam um grande círculo e giram em frenética dança. Estando arruinados os seus templos, os rituais têm lugar em edifícios retirados e vedados à visão exterior, em edifícios com uma espessa camada de areia como pavimento. Todos estão vestidos com roupas brancas flutuantes e as cabeças descobertas e raspadas. Armados com facas e excitados pela dança macabra, logo que atinjam um tal grau de excitação, começam a ferir-se furiosamente, a si e aos outros, até não aguentarem mais, ficando o pavimento embebido em sangue. Antes de tal "mistério" terminar, cada homem tem um parceiro com quem dança. Às vezes os dançarinos espectrais têm cabelo em seus crânios, os quais se diferenciam dos cabelos naturais de suas cabeças inconscientes. Como prometemos solenemente não divulgar outros detalhes dessa cerimônia terrível, que só assistimos uma vez, devemos parar por aqui, acrescentando que, durante o tempo que estivemos em Petrovsk, no Cáucaso, presenciamos outro mistério semelhante.

Antigamente as feiticeiras da Tessália acrescentavam, às vezes, sangue de uma criança ao sangue do famoso cordeiro negro para melhor evocar as sombras. Aos sacerdotes ensinava-se a arte de evocar os espíritos dos mortos e os dos elementos, mas seu modo de proceder certamente não era o daquelas terríveis feiticeiras.

Entre os *yakuts* da Sibéria, nos confins do Lago Baikal e ao longo do Rio Vitema, existe outra tribo que pratica a bruxaria tal como faziam as famosas feiticeiras da Tessália. Suas crenças religiosas são uma estranha mistura de superstição e filosofia ... Segundo elas, as almas dos mortos convertem-se em "sombras" condenadas a vagar sobre a Terra até que ocorra alguma mudança, ora favorável ora adversa, que eles explicam, por suposto. As sombras luminosas, ou as dos bons, tornam-se guardiões ou protetores daqueles que elas amam na Terra. As sombras escuras, buscando sempre, pelo contrário, causar dano a quantos conheceram em vida, incitando-os ao crime e a outras transgressões, prejudicando, assim, por todos os meios, os mortais ... Durante os sacrifícios de sangue, que sempre se verificam à noite, os *yakuts* evocam sombras escuras, ou malignas, para aprender com elas o modo como fazem para preservar sua malignidade. O sangue é necessário para isso, porque sem seus vapores, as sombras não poderiam se tornar visíveis, e até seriam, eles acreditam, ainda mais perigosas, porque o extrairiam das pessoas vivas através da transpiração. Quanto às sombras boas, ou luminosas, elas não precisam ser evocadas assim, porque isso as desagradam e, quando querem, podem fazer sentir sua presença sem a necessidade de nada.

Evocação através do sangue também é praticada, embora com diferentes finalidades, em distintos pontos da Bulgária e da Moldávia, especialmente em distritos vizinhos aos dos muçulmanos. A tirania e a escravidão horríveis a que esses desafortunados cristãos foram submetidos durante séculos tornaram-nos mil vezes mais impressionáveis e supersticiosos. No dia sete de maio de cada ano, os habitantes da Bulgária e da Moldávia Valaca celebram "a festa dos mortos". De fato, depois que o Sol se põe, uma multidão de homens e mulheres, carregando velas em suas mãos, vai aos cemitérios e reza sobre as sepulturas de seus mortos.

Essa antiga e solene cerimônia, chamada *Trizna*, é uma reminiscência geral dos primeiros ritos cristãos; mas era ainda mais solene enquanto durou a escravidão muçulmana ... Entre os habitantes das cidades a cerimônia já é meramente ritualística; mas entre alguns camponeses o rito toma proporções de uma evocação teúrgica completa. Na véspera do Dia da Ascensão, as mulheres búlgaras acendem uma porção de lâmpadas e velas; ao lado dos túmulos, colocam cadinhos nos tripés, e o incenso perfuma a atmosfera num grande raio ao redor. Do crepúsculo até um pouco antes da meia-noite, e em memória dos mortos, convidam-se amigos e um certo número de mendigos para comer, também lhes dando vinho e *raki* ou aguardente, e dinheiro é distribuído aos pobres. Assim que a festa acaba, os convidados acercam-se do túmulo e chamam o falecido pelo nome, agradecem-lhe pelas bondades de que foram objeto. Quando saem todos, inclusive os parentes mais próximos, uma mulher, geralmente a mais velha, é deixada sozinha com o morto, e é assegurado que ela prossiga à cerimônia de evocação. Prostrada de joelhos e, depois de súplicas fervorosas ao morto, repetidas umas mil vezes, para que ele se apresente, a mulher tira algumas gotas de sangue do lado esquerdo do peito e deixa-as cair lentamente sobre a sepultura. Isso dá força ao espírito invisível do morto que vaga ao derredor da sepultura, permitindo que, por alguns momentos, ele assuma forma visível e dê instruções adequadas à cristã teurgista ou, simplesmente, a abençoe, para depois desaparecer até o próximo ano. Tão firmemente está arraigada tal crença que ouvimos uma mulher moldava propor ao seu irmão que, por motivo de uma dificuldade familiar, adiasse qualquer decisão sobre o assunto em questão até que, na noite da Ascensão, o pai poderia resolver a dificuldade, coisa a que o irmão concordou como se seu pai estivesse na sala ao lado.

Que na natureza há segredos terríveis pode crer quem, como nós, tenha testemunhado o caso do *zuachar* russo. Caso em que o feiticeiro não pôde morrer até que comunicasse a palavra a outro, o que raramente deixam de fazer, por outro lado, os hierofantes da magia branca.

Os hindus acreditam em vampiros tão firmemente quanto sérvios e húngaros. "O fato de um espectro que reaparece para sugar o sangue humano, diz o dr. Pierart, famoso mesmerizador, num sábio artigo da *Revue Spiritualiste*, volume IV, não é tão inexplicável quanto parece e, ainda menos, para os espiritualistas, que admitem os fenômenos chamados bicorporificação, ou duplicação da alma. Aquelas mãos espectrais que temos apertado, aqueles membros materializados, tão palpáveis, que temos visto em sessões mediúnicas, são uma prova evidente acerca de quantas e quantas coisas são possíveis sob condições favoráveis para aqueles espectros do astral evocados."

Ao expressar-se assim o médico respeitável, não faz senão reproduzir a teoria cabalística sobre os *shandim*, isto é, a categoria mais baixa de todos os seres espirituais. Maimônides conta-nos, em sua obra *Abodah Sarah*, que as pessoas de seu tempo eram forçadas a manter relações íntimas com seus mortos e descreve as festas de sangue que eram celebradas nesses casos. Com efeito, eles cavavam um buraco no chão no qual derramavam sangue fresco e, colocando sobre ele uma mesa, evocavam os espíritos, que acudiam pressurosos, respondendo a todas suas perguntas. No entanto, Pierart, com toda a sua doutrina teurgista sobre o vampirismo, mostra-se muito indignado com a superstição do clero que ordenava que se atravessasse uma estaca no coração de todo cadáver sobre a qual havia suspeita de vampirismo.

Enquanto a forma astral do falecido não estiver completamente separada do corpo, há, com efeito, uma certa conexão pela qual, através da atração magnética, esta forma pode ser forçada a retornar e apossar-se do corpo novamente. Acontece, às vezes, que a forma astral não se desprende do corpo senão pela metade, por assim dizer, quando este é enterrado por apresentar todas as aparências de uma morte efetiva. Em casos tão horríveis, a alma astral, aterrorizada, retorna violentamente à sua envoltura de carne e, então, a desafortunada vítima, ou bem acaba de morrer realmente, sob o paroxismo das atrozes angústias da asfixia, ou bem se torna um vampiro, caso tenha sido grosseiramente materialista durante a sua existência terrestre ...

No segundo caso, começa para o miserável cataléptico assim enterrado em vida, uma existência verdadeiramente bicorpórea, na qual o corpo que se encontra aprisionado na tumba é sustentado com o sangue ou fluidos vitais que seus corpos astrais fantasmáticos roubam aqui e ali dos vivos, porque, como se sabe, esta última forma etérea pode ir aonde queira, desde que não se rompa o vínculo que a une ao corpo, e vaguear, em forma visível ou invisível, alimentando-se astuciosamente de suas vítimas humanas. A julgar por todas as aparências, tal "espírito" consegue então transmitir, através de uma disposição misteriosa e invisível que um dia talvez venha a ser explicada, o produto de suas sucções fluídicas ao corpo material que jaz inerte no fundo da tumba, contribuindo assim para perpetuar de certa forma aquele seu estado de catalepsia.

Brierre de Boismont cita alguns casos de diferentes teores, completamente autênticos, que houve por bem qualificar como "alucinações". "Uma pesquisa recente mostrou, diz um jornal francês, que dois cadáveres foram submetidos, em 1871, ao tratamento infame da superstição popular, por instigação do clero ... Oh, cega preocupação!" Mas, o dr. Pierart, citado pelo escritor católico Des Monsseaux, que admite resolutamente o vampirismo, exclama: "É superstição, dizeis? Sim, tão cega quanto gostaríeis, mas de onde vêm essas preocupações? Por que eles se têm perpetuado em todas as épocas e em tantos países? Depois da infinidade de casos de vampirismo que se tem visto, deveríamos dizer que hoje tal coisa não acontece e que os casos que estão relacionados a ele nunca tiveram uma base sólida? Do nada, nada é feito. Cada crença, cada costume, procede dos fatos e das causas que lhe deram origem. Se nunca se tivesse visto aparecer seres de aparência normal, no seio das famílias de certos países, mortos vindo sugar sangue de uma ou mais pessoas, e se isso não tivesse resultado na morte por exaustão da vítima, ninguém jamais teria ido desenterrar os cadáveres nos cemitérios, nem teríamos presenciado o fato incrível de ter-se encontrado pessoas enterradas há vários anos com o corpo macio e flexível, olhos abertos, tez corada, com a boca e o nariz cheios de sangue, e derramando sangue em torrentes ao serem decapitadas."

Um dos exemplos mais importantes do vampirismo está nas cartas reservadas do filósofo Marquis d'Argens e, na *Revue Britanique* de março de 1837, o viajante inglês Pashley descreve alguns casos dos quais teve notícias na Ilha de Cândia. O dr. Jobard, um erudito belga, anticatólico e antiespiritista, testemunha outros casos semelhantes em seu trabalho sobre *Les Hauts, Phenomenes de la Magie*, p. 199:

Eu não quero examinar, diz o bispo de Avrauches Huet (*Huetiana*, página 81), se os casos de vampirismo que são relatados diariamente são verdadeiros ou meros frutos de um erro popular, mas é verdade que foram atestados por tantos autores competentes e confiáveis e por um número tão considerável de testemunhas oculares, que ninguém deveria decidir sobre essa questão sem muita prudência.

Aquele bom senhor de Des Mousseaux, que tanto se tem incomodado recolhendo matérias para a sua teoria demonológica, deixa-nos com alguns exemplos sensacionais para mostrar que todos esses casos se devem à intervenção do diabo, o qual toma as formas fantasmagóricas dos mortos para revestir-se delas e vagar pelas noite sugando sangue do povo, uma explicação que nos pareceria excelente se não pudéssemos nos contentar com outras melhores sem trazer à cena um personagem tão sinistro. Se queremos definitivamente acreditar no retorno dos espíritos, temos uma infinidade de sensualistas perversos, miseráveis e criminosos de todos os tipos, especialmente suicidas, capazes de rivalizar em malícia com o mesmíssimo diabo em seus melhores dias, o que é suficiente por si só nos vermos agora forçados a acreditar no que vemos e sabemos ser um fato, ou seja, nos espíritos, sem necessidade de acrescentar ao nosso panteão de espectros um diabo quem ninguém jamais viu.

Nada obstante, no que se refere ao vampirismo, há detalhes interessantíssimos a serem reconhecidos, a partir do momento em que a crença em tal fenômeno existe desde os tempos mais remotos em todos os países. As nações eslavas, os gregos, *válacos* e sérvios, primeiro duvidaram mais da existência de seus inimigos, os turcos, do que do fato relativo à existência de vampiros. Os *brucolak* ou *vurdalak*, como são chamados os últimos, são hóspedes mais do que familiares nos lares eslavos para que deles se duvide. Escritores do maior talento, homens tão inteligentes como cheios de perspicácia como eles, trataram do assunto crendo nele por suposto ... De onde vem essa crença máxima através dos tempos; essa identidade de detalhes e analogias nas descrições desse fenômeno singular que encontramos no testemunho jurado de povos que são estranhos um ao outro e que discordam, no entanto, completamente com respeito a outras várias superstições?

"Há", diz Dom Calmet, o cético monge beneditino do século XIX, em seu artigo *Aparições* (vol. II, p. 47 da obra acima), "dois procedimentos distintos para destruir a crença nesses supostos espectros ... O primeiro é explicar os prodígios do vampirismo por meio de meras causas físicas; o segundo em negar completamente a verdade de tais histórias, o que consideramos o mais seguro e prudente".

Com efeito, o primeiro procedimento, o de explicar, o vampirismo por meio de causas físicas, embora ocultas, é o adotado pela escola de mesmerismo de Pierart e, certamente, não são os espiritualistas que têm mais razão em rejeitar a plausibilidade dessa explicação. O segundo plano, no entanto, é o adotado pelos cientistas e céticos. De acordo com Des Mousseaux, não há caminho que exija menos filosofia do que esse procedimento expedito de negação direta do que se ignora.

"Certo dia", acrescenta Dom Calmet, "o espectro de um pastor começou a aparecer inesperadamente para os habitantes de uma aldeia perto de Kodom e, como resultado do susto, ou por qualquer outro motivo, todos morreram em uma semana. Diante daquilo, os outros camponeses, exasperados, foram em busca do cadáver do pastor e o desenterraram, cravando-o ao solo com uma grande estaca. Mais uma vez apareceu, no entanto, o seu espectro naquela mesma noite, mergulhando a população em terrores quase apocalípticos e matando por sufocação vários habitantes, face ao que, as autoridades locais entregaram o corpo do pastor ao carrasco, que o queimou em um campo vizinho. O cadáver", acrescenta Des Mousseaux, comentando o incidente, uivava como um louco, chutando e resistindo como se estivesse vivo, jorrando ondas vermelhas de sangue pela ferida da estaca, e as aparições de seu espectro não cessaram até que todo o corpo estivesse reduzido a cinzas.

"Em mais de uma ocasião", continua Dom Calmet, "vários agentes da justiça visitaram os lugares que, segundo rumores públicos, eram frequentados por espectros. Os cadáveres destes foram logo exumados, e observou-se que o corpo de todos os suspeitos de vampirismo estava sempre saudável e rosado. Observou-se também que os objetos familiares das casas antes habitadas por eles em vida moviam-se estranhamente sem que ninguém os tocasse. Por um zelo muito natural, as autoridades geralmente recusavam a cremação ou a decapitação sem que primeiro se cumprissem os procedimentos legais: as testemunhas eram citadas, e as suas declarações ouvidas e cuidadosamente consideradas. Logo se passava, então, ao exame dos cadáveres desenterrados, e se eles apresentassem, por sua vez, os sinais inequívocos de vampirismo, eram entregues ao carrasco."

"A principal dificuldade, no entanto, de tudo isso", conclui Dom Calmet, "é saber como e quando estes vampiros podem deixar seus túmulos e, depois de realizar suas proezas, voltar a entrar neles sem que pareça que a terra tenha sido minimamente removida, tendo eles sido vistos por testemunhas usando suas roupas habituais, comendo e vagando de um lado para outro, enfim, como se estivessem vivos ... E se tudo isso não passa de pura fantasia da parte daqueles que eram favorecidos por tais visitas, por que, infalivelmente, se encontram logo os cadáveres de tais espectros em suas tumbas, frescos e flexíveis, cheios de sangue e sem sinais de decomposição em seus corpos encontrados em suas respectivas sepulturas?"

"Como explicar que no dia seguinte, à noite, em que repetidos espectros aterrorizavam com sua aparição os vizinhos, seus pés ficavam sujos e cobertos de lama, algo que não era observado de forma nenhuma nos outros cadáveres do mesmo cemitério? Por que, uma vez que sejam queimados os corpos dos vampiros, os seus espectros nunca aparecem novamente e por que, enfim, casos semelhantes ocorreram com tanta frequência neste país, tornando impossível banir tais superstições? "

Há, sem dúvida, um estado de semimorte, um fenômeno de natureza desconhecida e descartado, portanto, pela fisiologia e psicologia de nosso tempo como uma superstição. Nesse estado, o corpo está praticamente morto e, no caso daquelas pessoas em que a matéria tenha prevalecido sobre o espírito sem que, no entanto, houvesse uma perversão absoluta que tenha destruído "o fio de ouro" que liga a alma humana ao seu espírito supremo, a alma astral irá se desprendendo por esforços graduais, uma vez que o corpo físico se encontra entregue a si mesmo, separando-se completamente ao se romper o último dos vínculos corpóreos. A partir desse momento, uma polarização magnética repelirá violentamente o homem etéreo da massa orgânica de seu corpo, já em franca decadência, e toda a dificuldade consiste, primeiro, em que nós imaginamos que o momento de tal separação entre os dois corpos é aquele em que o homem é declarado morto pela ciência e não mais tarde, e, segundo, na descrença dominante acerca da existência, seja da alma ou do espírito, mantida injustamente por essa mesma ciência.

Pierart tenta demonstrar em seu trabalho que os enterros prematuros são sempre perigosos, mesmo quando oferecem sinais indubitáveis de putrefação. "No caso do infeliz morto cataléptico, diz-se, enterrado como morto efetivo em lugares secos e frescos, onde o corpo não pode ser destruído por causas locais, o seu espírito, (ou seja, o corpo astral), vestido de um corpo fluídico (ou etéreo), se vê impelido a deixar seu túmulo e executar, à custa de seres vivos, os atos peculiares de vida física, especialmente os de nutrição, e cujos elementos, graças a um misterioso laço existente entre o corpo e alma, a que a ciência espiritualista vai explicar algum dia, são transmitidos para o corpo material que se encontra na sepultura, ajudando assim a preservar a sua existência miserável. Semelhantes espíritos, vagando em seus corpos efêmeros, têm sido vistos com frequência afastando-se ou retornando aos cemitérios, e sabe-se que, descendo sobre os vivos, têm sugado o seu sangue, vampirizando-os. Novas investigações judiciais, então, têm conseguido provar que, como resultado de tão grande monstruosidade, sobrevinha uma extraordinária sangria, ou sangramento, das vítimas que, por causa disso, algumas vezes, vinham a morrer."

Assim, pois, ao teor do piedoso conselho de Dom Calmet, ou devemos persistir em negar os fatos ou bem, se aceitarmos os testemunhos humanos e legais, mui dignos de respeito, teremos de aceitar a única explicação possível dada por Glanvil ao dizer, no volume II, p. 70 de seu *Sadducismus Triumphalus*, que "as almas dos mortos encarnam-se em veículos aéreos, ou etéreos, como está plenamente comprovado por homens eminentes como o Dr. More, ao evidenciar que tal doutrina sempre foi a dos Santos Padres e dos mais antigos filósofos... "

Antes de deixar o tema repugnante do vampirismo, e sem outra garantia que a de havermos comunicado vários testemunhos confiáveis, gostaríamos de citar mais um caso para que sirva de exemplo.

No início deste século, ocorreu na Rússia um dos casos mais horríveis de vampirismo registrados pela história. O governador da província de Tch*** era um homem de cerca de sessenta anos e de caráter ciumento, malicioso e cruel. Investido com uma autoridade despótica, exercia-a sem qualquer contemplação, sendo levado sempre pelo primeiro impulso de seus instintos brutais. O governador havia se enamorado de uma linda moça, filha de um oficial subordinado seu. Apesar de saber que a donzela estava noiva de um jovem que a amava extraordinariamente, o tirano forçou o pai da menina a que ela cassasse com ele e não com o jovem. Presa do maior desespero, a pobre vítima tornou-se a esposa do velho, que logo se mostrou cheio de ciúmes, chegando até a bater nela e trancá-la por semanas inteiras em casa, sem deixar que falasse com ninguém a não ser em sua presença. Finalmente, o odioso governador adoeceu um dia e morreu; mas, ao sentir já próximo o seu fim inevitável, fez a sua esposa jurar que não voltaria a se casar, ameaçando-a com as mais horríveis maldições se ela descumprisse o seu juramento, o que o levaria até a sair da sepultura para matá-la.

O tirano foi enterrado no cemitério da cidade, localizado no outro lado do rio. Pouco tempo depois, a viúva libertada, superando seus escrúpulos pelo juramento que fizera, deu ouvidos novamente às instâncias de seu antigo namorado, e eles se comprometeram a casar-se em pouco tempo.

Na mesma noite da costumeira celebração esponsalícia, quando todos se retiraram, a velha casa foi perturbada com gritos angustiados de horror e lamentações que vinham do quarto da noiva. As portas foram forçadas ao ponto e viu-se com surpresa que a infeliz mulher jazia desmaiada em sua cama, ao mesmo tempo em que se ouvia o ruído de uma carruagem saindo do pátio. O corpo da jovem estava cheio de equimoses devido, aparentemente, a fortes beliscões recebidos e, em seu pescoço, era visto uma picada muito leve da qual brotavam gotículas de sangue. Logo todos foram tomados de surpreendente horror quando a viúva recobrou a consciência e narrou aterrorizada que o seu falecido marido, o governador, havia entrado subitamente em seu quarto fechado, exatamente como em vida, com a diferença de apresentar em seu rosto uma horrível palidez cadavérica, tendo-a espancado e beliscado cruelmente, depois de ter-lhe jogado na cara a sua inconstância.

É inútil acrescentar que ninguém deu crédito a tal relato, porém, na manhã seguinte, a sentinela postada no outro extremo da ponte que cruza o rio, contou que, momentos antes da meia noite, uma carruagem arrastada por seis cavalos passou velozmente pela ponte em direção à cidade e sem fazer o menor caso da ordem de "alto!" que lhe deram.

O novo governador, que não acreditava na história de tal aparição, tomou a precaução, no entanto, de dobrar as sentinelas da outra parte da ponte, apesar disso, o acontecimento repetia-se noite após noite com uma regularidade desesperadora. Os soldados que guarneciam a barreira de pedágio declararam unanimemente que, apesar de todos os cuidados e esforços para detê-la, a fantástica carruagem passava rapidamente adiante sem que pudessem impedi-la. Todas as noites era ouvido no pátio da casa o mesmo ruído prolongado e surdo do coche; os guardas, junto com os servos e a família da viúva ficavam logo imersos num sono profundo, e todas as manhãs surgia, enfim, a pobre vítima, machucada, ensanguentada e desfalecida.

Não é necessário descrever a consternação que tal evento produzia na cidade. Os médicos não conseguiram explicar o caso; os sacerdotes alojavam-se no palácio da viúva para passar a noite em oração. Mas, quando a meia-noite se aproximava, todos eram vítimas de uma letargia invencível. O próprio arcebispo chegou da capital e praticou pessoalmente a cerimônia de exorcismo, mas na manhã seguinte a viúva foi encontrada em um estado mais deplorável do que nunca e já próxima da morte.

Para acalmar o bairro horrorizado, o governador foi forçado, finalmente, a adotar medidas mais severas. Ele colocou cinquenta cossacos ao longo da ponte com ordem terminante de parar o fantasma da carruagem a todo custo. Sem embargo, as doze badaladas da meia-noite foram ouvidas e o coche foi visto em alta velocidade pela estrada do cemitério. O oficial de serviço e um padre, crucifixo na mão, ficaram na frente da barreira de pedágio, gritando ao mesmo tempo:

– Em nome de Deus e em nome do Czar, quem vem aí?

Ao que uma cabeça bem conhecida de todos apareceu na janela do coche, e uma voz, não menos conhecida, respondeu com energia:

– O Conselheiro secreto de Estado e Governador C ...!

No mesmo instante, o sacerdote, o oficial e os cinquenta soldados foram jogados violentamente para o lado, como que sacudidos por um choque elétrico, ao tempo em que a fantástica e luxuosa carruagem cruzava veloz sem que ninguém conseguisse detê-la.

O arcebispo, então, e como último recurso, apelou ao procedimento sancionado pelo tempo, isto é, desenterrar o corpo e pregá-lo no chão por meio de uma estaca de carvalho afiada que perfurasse o coração, algo que foi prontamente executado com grande pompa religiosa e na presença de todo o povo. Os narradores do espantoso evento me asseguraram que o corpo do governador estava, de fato, cheio de sangue e com bochechas e lábios vermelhos. No momento de cravar-lhe a estaca, ele exalou um gemido, enquanto uma grande jorro de sangue jorrou com ímpeto a uma grande altura. O arcebispo pronunciou logo o exorcismo costumeiro e, desde então, não se ouve falar mais do o vampiro ou de sua fantástica carruagem.

Até que ponto as circunstâncias do caso podem ter sido exageradas pela tradição, não podemos dizer, mas nós o conhecemos, há anos, por uma testemunha ocular; e até hoje ainda existem famílias na Rússia cujos membros idosos lembram-se fielmente do evento aterrador.

Comentário de Mario Roso De Luna

Na seção de referência, a mestra toca no ponto principal que separa o teosofista do espiritista fenomenal, que é aquele que usa a mediunidade, a saber que, enquanto, para os espiritistas, como para a tradição universal, os (espíritos) que guiam os médiuns são quase sempre «maus espíritos», larvas de suicidas ou elementais da pior espécie, mesmo em casos como o clássico Katie King de Crookes, para os teosofistas as entidades que guiam o médium são apenas as almas dos mortos.

Dada a afeição pessoal que nos une a não poucos ilustres e honorabilíssimos espíritas, dado também o respeito e afeto que a todo pensador deve merecer homens como Kardec, Leon Denis etc. e, em nossa pátria, outros como Torres Solanot, Quintin López, Viktor Melcior, Palatsi, Navarro Murillo, Amália Domingo etc., é desagradável para nós lidarmos com essa discrepância fundamental entre duas ideias, como as do espiritismo e da Teosofia, que, cada uma por seu lado, estão revolucionando profundamente o mundo contemporâneo e têm, como os dois ramos do Y, um tronco comum em doutrinas como a reencarnação, carma e muitas outras.

Além disso, é notório, e eles nunca negaram em seus livros, que os dois fundadores da Sociedade Teosófica sempre passaram, cada um a seu modo, por um período mediúnico preliminar, do qual se afastaram mais tarde, transcendendo-o. Assim, no prólogo e em outras passagens de nossos comentários a *Pelas Grutas e Selvas do Industão*, de H. P. B., ocupamo-nos – e a ele remetemos o leitor – dos enormes poderes psíquicos de H. P. B. desde o dia de seu nascimento. Também, com relação a H. S. Olcott, dissemos não pouco sobre seu franco primeiro período espiritista, conforme o interessantíssimo relato de tal período de transição espiritual que nos faz nas primeiras linhas de sua insubstituível História Autêntica da Sociedade Teosófica.

Como, então, o assunto está suficientemente abordado naqueles lugares e em outros livros nossos anteriores, o leitor não nos levará a mal se não insistirmos aqui sobre um assunto tão complicado, em que, para a satisfação dos espíritas e teosofistas, a pureza de intenção ou motivação e o emprego paralelo de meios de comunicação corretos são as duas únicas maneiras de julgamento sobre a licitude dos processos mediúnicos em que todo espírita fenomenista deveria perguntar-se previamente: "Me é lícito empregar como objeto de estudo um semelhante meu? O estado de transe é fisiológico ou patológico? Está, enfim, compreendido o emprego da mediunidade dentro da esfera de conduta reta estabelecida pelos três princípios eternos de justiça do direito romano: de *honeste vivere*, *alterum non laedere* e *sum tribuere cuique*[4]?" Com isso, ser ou não fenomenista espírita reduz-se a uma mera questão de consciência, santuário onde os outros não devem penetrar, ajustando-se ao aforismo que recomenda "não julgueis, para que não sejais julgados " ou aquela outra máxima evangélica "com a medida que usardes para medir a outros, igualmente medirão a vós." ...

Uma das leis naturais mais claras é a da continuidade: *natura não fecit saltum* [a natureza não dá saltos. (NT)], de que falavam os clássicos, e, portanto, nos seres invisíveis devem existir gradações de gentileza e intelectualidade do mesmo modo que acontece nos seres visíveis, estando os "espíritos" de nível inferior mais próximos que os superiores ao ambiente da Terra e sendo, portanto, muito mais fácil se comunicar com eles. Não vemos essa mesma lei nos homens durante sua vida física? Por acaso os homens verdadeiramente superiores não permanecem, enquanto vivem, mais afastados do que as mentes grosseiras das "pompas e vaidades do mundo", a ponto de ser proverbial o desapego terreno que os santos e sábios sempre demonstraram em relação àquelas vãs atrações mundanas e ilusórias que, de acordo com as palavras de Jó, duram tanto quanto um dia ou que são ... "como feno, verde pela manhã, seco à tarde"?

Portanto, dada a continuidade da consciência psicológica, que perdura através da morte de acordo com os ensinamentos de todas as religiões e ainda do espiritismo e da psiquiatria, é sempre de temer-se que o "espírito" evocado mediunicamente pertença de ordinário aos mais perigosos, aos da classe mais baixa, porque o maior prazer que pode, sem dúvida, ser

[4] Estes são os preceitos do direito romano: viver honestamente, não ofender ninguém, dar a cada um o que lhe pertence. (NT).

compatível com as almas desencarnadas superiores é o de estar livre dessas atrações terrenas que direcionam a um mundo miserável, do qual a morte, que é redenção e é progresso evolucionário, felizmente já os liberou.

Se nos poderiam objetar, é verdade, que espíritos superiores sempre aprazem em nos dar ensinamentos, ensinamentos que, no caso deles, teriam o valor de testemunhos experimentais do além-túmulo, uma vez franqueados por eles os limiares da eternidade. Mas, mesmo com respeito a esse particular, permitíramo-nos perguntar se o augusto ensinamento de tais seres excelsos já não resta dado *in aeternum* em sua obra e no exemplo de suas vidas como seres vivos, trabalho e exemplo já valorizados pela majestade da morte, que parece purificá-los de todos os pequenos defeitos dos dias em que viveram.

Por isso, sempre preferirei ao invés dos músicos Beethoven e Wagner, vivos ou mortos, as obras musicais com as quais, sem necessidade de evocá-los, nos deleitam, elevam e espiritualizam, atravessando povos e séculos, e nunca considerarei os ensinamentos dos gênios como testamentos mesmo depois de mortos os testadores, como vemos no Evangelho ou no Novo Testamento, selado pelo sangue de Jesus ...

Além disso, a única evocação sincera, o único vínculo efetivo que perdura no tempo e no espaço é o do amor, que tem sido, em todas as épocas, considerado como mais forte e poderoso do que a própria morte, pois que, por ele, como diria São Paulo, a própria morte é derrotada. Ele, de fato, permanece quando tudo físico desfaz-se em pó; ele estabelece uma continuidade eterna entre os que permanecem e os que se foram; ele, em resumo, nunca precisa de evocações infantis, já que não há motivo para evocar ou chamar ao que nunca saiu nem jamais deixará nossos corações. Evocação é pergunta, chamada, rogo, algo, em suma, que quer voltar e agregar o que antes se rompeu, e o vínculo de amor verdadeiro não pode ser quebrado, porque é indestrutível. Por isso Platão e todos de sua escola, quais sejam, os teósofos e os neoplatônicos, seguindo fielmente o ensino tradicional, jamais evocaram a ninguém ou oraram suplicando coisas que, uma vez alcançadas, venham talvez a se constituir na nossa ruína, pois, como disse Juvenal

(*Sátira X*, v. 356) "não devemos perturbar os deuses (e os deuses, no conceito clássico, são todos os mortos), dirigindo-lhes pretensões insensatas, pois que eles nos amam mais ainda do que nos amamos a nós mesmos e, portanto, se é para pedir-lhes alguma coisa, devemos apenas orar para que nossa mente seja pura e o nosso corpo saudável; *orandum est, ut sentar mens sana in corpore sano*",[5] ou seja, *hygieia*, a saúde holística, ou corporal e espiritual, os únicos meios físicos e espirituais de alcançar ou seja, o único meio de alcançar-se Sofrósine,[6] qual seja, essa ponderação integrante do espírito, da alma e do corpo, a qual nos previne de todas as doenças e toda dor que não sejam necessárias ao nosso progresso e que não deriva, na eterna lei de causa e efeito que se chama carma, de violações anteriores desta lei universal que serve de sustentação de tudo no mundo.[7]

***

A alma dos mortos maus, nas palavras do *Ensino Oculto*, vai para a oitava esfera, hades ou geena, que é a triste região, ou cidade dantesca de Dite, sobre a qual os mestres sempre mantiveram um silêncio prudentíssimo.

Nós que, neste momento e como principiantes ignoramos tudo, podemos acrescentar muito poucas considerações a um assunto tão terrível que, nos piores casos, significa até a morte da alma racional humana, quebrando seu elo com o espírito supremo ou raio divino. que misticamente a coberta.

Entre os teosofistas ocidentais, além de H. P. B., nenhum talvez tenha dado tão belos traços sobre o assunto, como o pouco conhecido ocultista português Visconde de Figanière,

[5] Frase latina que significa: "deve-se pedir em oração que a mente seja sã num corpo são." (NT).

[6] Na mitologia grega, Sofrósine era um *daemon* que personificava a moderação, a discrição e o autocontrole, opondo-se portanto à deusa Afrodite, que incitava as paixões desenfreadas. Seu equivalente romano era *Sobrietas*, a sobriedade. Fonte: Wikipédia. (NT).

[7] Esses interessantes problemas platônicos sobre *hygieia* e Sofrósine estão muito bem tratados na obra publicada recentemente, t CCXLII da Biblioteca Clássica, intitulada: "*Platão, o Divino. – Estudo Preliminar da Tradução Direta de seus Diálogos*", por Emerio Mazorriaga, professor de língua e literatura grega na Universidade Central. Um volume em 4° menor; Madri, Sucessores de Hernando; 1918. Bem, então, a mestra disse que, de Platão para cá, tudo é Platão no alto pensamento europeu.

em seus *Estudos Esotéricos: Submundo, Mundo, Supramundo* (p. 535). Este homem sábio, então, nos diz:

> Por mais que possa ser, a oitava esfera corresponde à perda da individualidade humana pela tibieza persistente de conduta a que aludimos anteriormente. Perde, assim, a alma seu poder de continuidade ou junção na escala ascensional dos seres, e quando a energia física de tal ser se anula completamente, deixando de ser dos quentes, espirituais ou átmicos, sem ser tampouco dos frios, perversos, ou *avitchianos*[8], o ego humano "é vomitado da boca", caindo na esfera dos rejeitados, ou proscritos.[9] Tais almas, por não responderem a nenhuma atração, boa ou má, de natureza transcendente ou etérea e, tendo apenas afinidades ou atrações materiais, acabam sendo absorvidas pela matéria. Por isso a oitava esfera é, em suma, o terrível destino das almas que, por sua estagnação egoísta persistente e tibieza, estão impossibilitadas, ao chegarem certos períodos críticos evolutivos, de manter-se no plano comum da evolução ascensional, constituindo, em certo sentido, algo como a escória evolutiva da própria humanidade da qual eles chegam a se separar.
>
> Os mestres acrescentam que, ao saírem tais almas da oitava esfera, são reduzidas ao que eram meramente no começo do *manvantara* planetário a que pertenciam, para reiniciar a evolução no manvantara imediato e desenvolver nele uma nova individualidade. A partir disso, segue-se também que uma parte de cada onda evolutiva humana não

[8] *Avitchi*, ou *avichi* (sânscrito), é um estado: não necessariamente após a morte apenas ou entre dois nascimentos, pois tal estado pode ocorrer também na Terra. Literalmente "inferno não interrompido". É o último dos oito infernos, onde, segundo se diz, "os culpados morrem e renascem sem interrupção, embora não sem esperança de redenção final". Esta é a razão pela qual *avitchi* é outro dos nomes usados para designar o *myalba* (nossa Terra) e também é um estado no qual são condenados a este plano físico alguns homens desalmados. [*Avitchi* é um estado de maldade ideal espiritual; uma condição subjetiva; o contrário do *devacham*, ou *anyodei*. (F. Hartmann)] – H. P. B. – Glossário Teosófico.

[9] Isso é propenso a confusão, mas não se esqueça de que, como outras vezes foi dito, o grande tronco da magia, ou da ciência dos super-homens, possui ambos os braços, o da direita e o da esquerda, cada um dos quais, por sua contraposição ao outro, tem sua missão evolutiva a cumprir, à maneira da oposição indispensável da inércia e do movimento em toda a natureza. O terceiro e mais terrível caminho, então, é o dos tíbios, aqueles que não são nem frios nem quentes e que (Apocalipse 3:15-16) "foram vomitados da boca do Logos", por serem egoístas.

pode senão ser integrada por almas assim fracassadas em um *manvantara* anterior. De modo que, ao final desse período, tanto o *avitchiano* (ou mago negro) quanto o *octaviano* (ou caído na oitava esfera) retornam para se encontrar no mesmo estado em que estavam milhões de anos antes, cada um por um caminho diferente e pelo carma lógico de sua própria culpa – *faber quisque fortunae suae* [cada um é o artífice de sua própria sorte. (NT)] ... Não se trata, finalmente, nestes caídos da oitava esfera, dos maus propriamente ditos, mas dos mornos, dos neutros, dos insignificantes. A maldade, em si mesma, constitui um fim; pertence à categoria, não do *devachan,* ou céu, mas do *avitchi*, ou abismo. O simples e mero egoísmo, por outro lado, não encontra outro lugar adequado de destino, fora já da vida terrena, que o de gravitar em direção à oitava esfera, região, em suma, correlativa, ou contraposta, no sentido ontológico à lei eterna natural que faz sobreviver os aptos e anula os ineptos[10] ...

[10] *Estudos Esotericos – Submundo, Mundo, Supramundo*, Visconde de Figaniére, Gran Cruz da Ordem de Santa Anna da Rússia; Enviado Extraordinário e Ministro Plenipotenciário de Portugal em São Petersburgo (1870-76); membro (*felow*) dá a Sociedade Teosófica. – Primeira parte: Evoluçao em geral: Metafísica, Ontologia, Cosmogonia. – Segunda parte: Evolução humana: Fragmentos pré-históricos, Ética. – Apêndice: Notas, Trechos, Elucidações. – Capítulo suplementar: Novíssima Luz. – A obra está datada em Leça da Palmeira, no Porto do Porto, em 25 de janeiro de 1889, e publicada no próprio Porto: "Livraria Internacional de Ernesto Chardrou, par Lugan et Genelioux, 1889"; dedicada "a seu primo coirmão Gustavo Adolpho de Serpa Pinto, Fidalgo Cavaleiro da Casa Real etc., etc. Formam volume em 8° e consiste em 744 páginas.
Este livro estranho daquele que é, no tempo e por direito, sem dúvida, o primeiro teósofo português, repercute o mesmo plano fundamental de *A Doutrina Secreta*, ou seja, uma primeira parte, Cosmogênese; uma segunda, Antropogênese; e uma terceira, "Novíssima Luz", ou do ocultismo efetivo. Sem dúvida, Figanière, por suas ideias e visitas diplomáticas à Rússia, França e Inglaterra, travou conhecimento com a fundadora da Sociedade Teosófica e tornou-se seu discípulo. É por isso que disse, à guisa de prólogo: "Estando este livro para vir à luz, publicou-se em Londres *A Doutrina Secreta*, por H. P. Blavatsky, e como contém revelações recentes e muito importantes, nós também as fornecemos em um capítulo suplementar para modificar um pouco algumas ideias correntes nos círculos teosóficos ocidentais." Isso é importante porque mostra que a obra de Figanières não está inspirada pela última de Blavatsky, senão que, para a honra de nossa raça ibérica, representa, em forma e substância, uma coincidência muito feliz com o mais fundamental de quantas produções vieram da pena da mestra.
Na primeira parte, há sete capítulos dedicados à metafísica, ontologia e cosmogonia, e são precedidos por uma Introdução brilhante, em que se estuda o atual conflito entre o coração e a cabeça em naufrágios e catástrofes de toda sorte, frente aos quais o menor dos males é a morte, de acordo com o adágio de Adamastor, tudo por falta de pilotos experientes que saibam como nos salvar do duplo

naufrágio da ciência e da religião, nem mais nem menos do que diz a Introdução de *Isis sem Véu*, defendendo uma ciência salvadora da religião e uma religião da ciência, que é a teosofia: "o mistério não é o sobrenatural, porque não há nada de sobrenatural na natureza, mas a ação de leis que ainda desconhecemos, porque como ensina Schopenhauer, 'as ciências naturais, à medida que se desenvolvem, acabam sempre tropeçando nas qualidades ocultas, a cuja categoria pertencem as forças elementais da natureza, que, portanto, competem à filosofia e não a ciência (*O Mundo como Vontade*, L. 15. Parerga, c. 17).' E acrescenta: 'Existem, sem dúvida, outros planos e outros mundos acima e abaixo de nós; o que sabe o rústico, de fato, dos conselhos do Governo?" Ademais, a humanidade, dado o seu progresso lento, tem uma história de milhões de anos, contra o que dizem cronologistas cretinos. Nossos costumes são idênticos aos dos romanos relatados no livro XXX de Políbio; o ouro e a prata estavam em igual relação naquele tempo como agora; e os diálogos platônicos, por exemplo, são tão atuais hoje como eram então. Os ciclos das civilizações se sucedem, mas as civilizações se repetem, e raças como a negra não seguem a lei da evolução. O ciclo, então, mais que um ensinamento de Vico, já o era dos filósofos estoicos e de outros mais antigos, mas acima destes ciclos, temos a espiral, e uma lei de correspondência compreendida na famosa sentença de Hermes Trismegisto: "o que está acima é como o que está embaixo, para operar os mistérios da harmonia que é a síntese dos vários no um."
Fiel a esse ensinamento oculto, Figanière rejeita o atual erro da ciência de pensar que o estado primitivo da humanidade era o da barbárie, contra o que ensina a tradição religiosa universal. Diz-se sobre esse particular: "Por antigo que seja um povo, há sempre uma minoria seleta que lidera as pessoas comuns". Isso nos faz suspeitar que assim ocorreu desde o princípio com os primeiros homens e os enviados, ou "reis divinos". Além disso, Figanière acrescenta com sua maravilhosa intuição, "a brandura da inocência primitiva é indispensável para a domesticação do animal, tanto quanto para a educação do ser humano. O homem realmente primitivo pertencia à fase inocente, infantil e pacífica da humanidade. Por isso a inocência foi o primeiro estado pré-civilizado, enquanto a barbárie, que hoje supõe-se falsamente uma condição primitiva, é, ao contrário, uma queda, uma condição pós-civilizada. É por isso que o negro, o pele vermelha, o *pamú* são os filhos degenerados das nações pré-históricas que, em seus respectivos ciclos, alcançaram um alto estado de cultura e civilização. Homens chamados da idade da pedra, longe de serem homens primitivos eram raças decaídas, degradadas, que recuavam ante o fluxo de uma nova onda humana e, como certas tribos americanas, australianas etc. estão desaparecendo em contato com o homem branco. Por outro lado, seres como os hindus asiáticos, árabes etc., são povos adormecidos e em eclipse.
Possuidor Figanière de uma enorme cultura clássica, valoriza as suas falas com testemunhos como o de Aristóteles (L. I, 3), quando diz que "as ciências e as artes se perderam mais de uma vez", ao teor da famosa frase dos Eclesiastes (I, 10) de que "nada de novo existe debaixo do Sol", pois que as ocultações parciais daquelas [as ciências e as artes] fazem-nas decair em alguns países enquanto florescem em outros, nem mais nem menos que o astro rei, alma da vida do nosso planeta, que dá alternativamente inverno e verão e, nos dois hemisférios, a noite após o dia a todos os países ...
O nobilíssimo Visconde arremete galhardamente contra esses historiadores modernos que não se compenetram com o espírito que presidiu a época que estudam, faltando a primeira condição necessária para se encarregar disso, pois já disse Schopenhauer (*Sabedoria* na vida, 6): "Cada época, por mais lamentável que seja, se crê mais sábia do que a anterior, da mesma maneira que, a cada idade, o homem se considera superior ao que fora antes, enganando a si mesmo, no entanto, não raramente". Horácio disse o mesmo, quanto canta:
Aetas parentum pejor avis, tulit
Nos nequiores, mox daturos
Progeniem vitiosiorem. (Carmina III, 6.)

Quanto ao dito do amabilíssimo sr. Sinnett, no seu *Budismo Esotérico*, de que a falada oitava esfera deve estar dentro do alcance de nossa visão e dos nossos dispositivos de observação, como está a lua, por exemplo, o consideramos como arriscado. Para Figanières, trata-se antes de um significado simbólico, não propriamente de um mundo inferior e excedente de nossa cadeia planetária, um *loka*, ou "esfera de ser" imediatamente abaixo da esfera dos tipos *monádicos* inferiores. Se nós, nesse assunto obscuro, fôssemos autorizados a dar nossa opinião, preferiríamos relacionar o problema da oitava esfera com o não menos obscuro problema da metempsicose pitagórica. Não nos esqueçamos, de fato, que, de acordo com a Introdução ao segundo volume de *A Doutrina Secreta*, o homem, nesta ronda, antecede todos os mamíferos, e que mesmo estes animais superiores não têm alma individualizada, sendo todos guiados pela "alma-grupo" de sua espécie. Esta alma-grupo que durante a evolução progressiva acaba por se individualizar em outros tantos homens e que, portanto, na evolução regressiva, ou queda, tal como a da oitava esfera, pode voltar a se recuperar da perda da individualidade humana em que anteriormente veio a perder, tal como a gota de água que, individualizada por evaporação e pelo orvalho na montanha, torna a perder sua individualidade ao retornar pelo riacho ou rio ao fundo do mar de onde saiu, enquanto outras gotas, suas companheiras, mais felizes ou melhores que ela, permanecem individualizadas dentro do cristal universal, que por séculos e séculos as isola do mundo; no seio da pérola ou mesmo na

---

Bacon corroborou essa frase ao dizer que o gênio do passado era de agudeza superior à nossa, pelo que Platão sempre ensinou que "os antigos estavam mais próximos dos deuses do que nós", e é bem sabido que a antiga filosofia era um delicioso ramalhete de religião, ciência, governo e instituições, cultivando-se, à luz do dia, a ciência agora chamada oculta, «a do saber que se sabe o que se sabe, e do saber que não se sabe o que se ignora" (Lun Ya, II 17). Por isso que o teósofo lusitano termina a Introdução erudita de seu trabalho, dizendo: "O que é comumente distinguido como civilização não se caracteriza principalmente por outra coisa senão pelo materialismo."

Em suma, a Introdução contém um resumo acadêmico das ideias ocultas de Lúlio, Roger Bacon, Leonardo de Pisa, Pedro de Albano, Céssec d'Ascoli, Robert Fludd, Rosenkreutz, Agripa, Cardano, Porta, Paracelso, Van Helmont, Saint Germain etc.; um elogio às maravilhosas construções do passado nos subterrâneos de Ajunta, Ellora, Naghonwat, Angkort etc.; indicações preciosas sobre os centros iniciáticos do Tibete, dos Himalaias, do Egito etc., e uma bibliografia teosófica de livros e revistas que nos são tão queridos.

lágrima de dor que brota da fonte de nossos olhos ...

A oitava esfera, a mesma que pode ser a Lua como região anterior e evolutivamente inferior à nossa Terra, pode estar localizada no interior do nosso próprio planeta, porque dentro dele, sob a fina camada de consolidação terrestre que forma a sua crosta, existe, de acordo com deduções cosmológicos mais recentes, um mar de fogo ou de materiais fluidos a imensas pressões e temperaturas, o mar ou região em que a lenda mitológica faz girar dois astros, dois grandes núcleos metálicos, os dois símbolos de Plutão e Proserpina, do mito greco-romano, núcleos de existência suspeitada também por nossa ciência atual, ao teor das observações feitas por ocasião de terremotos de epicentro distantes, dado que os terremotos transmitem aos observatórios três classes de vibrações e de tempos diferentes (sendo uma delas, no entanto, o movimento inicial); a primeira, regular e afastada do núcleo ou dos núcleos metálicos internos; a segunda, menos regular e mais lenta, através do oceano fluido que circunda os núcleos, e a terceira, eminentemente desigual e tardia, que é transmitida irregularmente pela crosta terrestre.

***

Fazer comentários sobre os sangrentos sacrifícios da história, por ocasião das alusões do artigo de referência, nos levaria longe demais. Ademais, nada disso foi dito nas seções anteriores. Relembremos apenas uma das passagens de Porfirio mencionada pela mestra (*De Abstinencia*, II, 55).

As histórias contam que Teofrasto faz menção a sacrifícios humanos ... Em Rodes, sacrificava-se um homem a Cronos (o 6 de julho) ... no altar do Bom Conselho. Em Salamina de Chipre (*Coronis*), homens eram consagrados a Agraula, filha de Cecrops e da ninfa Agraulis. A vítima era conduzida por jovens, rodeava o altar três vezes e era imolada (*in-molem*, sobre a pedra) com um golpe no estômago pelo sacerdote (como visto nas páginas 19-20 do *Códice Maia Cortesiano*) ... Em Chio e Tenedos, sacrificava-se um homem a Dionisios Omadios (antropofagia) ... Na Lacedemônia, ele se consagrava a Ares ... Nada digamos dos trácios e citas nem de como os atenienses imolaram a filha de Erechthé e Praxithé. Os romanos praticavam a mesma coisa na festa de Júpiter Latialis ...

Infinidade de elementos sobre esses sacrifícios humanos pode ser vista também na belíssima obra semiteosófica de Alexandre Bertrand intitulada *La religion des Galois – Les Druides et le Druidismo*, tais como os citados por Ésquilo em *Eumênides* (v. 3, 9 e 150); o relativo à estátua de Diana dos Brauron junto ao rio Marathon, atribuída a Praxíteles, a estátua da deusa sanguinária, veneradíssima em toda a Ásia Menor, que foi roubada de Taurida por Ifigênia (*Pausânias* I, 33 e IV, 46) e, em cujo altares de maldição, Aristodemo, seguindo o comando do oráculo de Delphos, teve o patriotismo de sacrificar sua própria filha. Os arianos puros, de fato, ao introduzir na Grécia o culto patriarcal de Zeus e Apolo, não destronaram, senão com grande dificuldade, Cronos e as Eumênides arcadianas, com todos os seus sacrifícios sangrentos, como o de Lycaon, rei de Arcádia filho de Pelasgo, quando foi transformado em um lobo por ter sacrificado uma criança a Zeus no Liceu, ou como aqueles dos aborteiros cretenses imoladores de crianças a Zeus, antes que os dórios introduzissem o incruento culto astrológico lunissolar de Diana e Apollo.[11] Cecrops de Ática, em suma, aboliu os sacrifícios humanos em seu país, o que não o poupou, no entanto, pois a sua própria filha foi sacrificada.

Para encerrar essa odiosa questão, observemos, com base no terrível fato ocorrido na exploração do Norte da Sibéria pelo Almirante Wrangel, que segundo Bertrand aconteceu no final do século XVIII, e que prova que tais sacrifícios ainda persistem nos tempos modernos. Na feira de Ostrownaye, desenvolveu-se uma doença contagiosa. Quando os xamãs foram consultados pelo povo tschukta (cristão na aparência), eles disseram que os espíritos exigiam o sacrifício de Kotschen, o líder mais venerado do povoado. Houve resistência, mas, finalmente, o caudilho apresentou-se heroicamente para ser uma vítima expiatória. Ninguém se atreveu a feri-lo, até

---

[11] Sobre esses detalhes, veja-se Fustel de Coulange, *La cité antique*; Victor Bérard, *Origines des cultes arcadiens* e, entre os antigos, Platão (*Minos*, tradução de Cousin, volume XIII, página 35); Teofrasto e Porfirio (*De abstinência*, livro II, páginas 11, 21, 26, 32, 43, 53 e 55, livro IV, página 20) etc.

que as pessoas o obrigaram a imolar o próprio filho.

Nós não encerraremos este comentário, sem passar, embora de maneira rápida, a uma objeção pueril que talvez algum cético positivista possa fazer a tudo isso, dizendo-nos com desdém: "Se as larvas e os lêmures dos clássicos gostam de sangue derramado fisicamente, em toda a sua efusão dele, ver-se-ia diminuir muito rapidamente a pressão do sangue vertido, e até mesmo suas manchas chegariam a desaparecer, absorvidas vorazmente pelos nossos vampiros ilusórios, desapareceriam."

Uma vez que não nos temos dedicado ao respeitável, mas não invejável, ofício de açougueiro nem à triste e penosa profissão de médico, no que diz respeito a essa preocupação de perda de peso, jamais nos ocorreu submeter a medições o fluxo que brota dos fornecedores desse licor divino que é a nossa vida. Mas observaremos que toda substância química ou orgânica, em seus constantes catabolismos, está sujeita às leis da física; que qualquer reação de uma ou de outra índole, não se mede, em resumo, senão na incrementação ou desintegração dos elementos de luz, calor, eletricidade, magnetismo etc que todas as reações químicas-biológicas caracterizam; e o sangue, tal como o leite, a urina e outros produtos orgânicos, a partir do momento em que deixam o ser que os produzem, iniciam uma série de reações regressivas, que, partindo da imensa complexidade orgânica de albuminas, lecitinas, *protagones* etc., e passando pelas ainda mais complexas de ureia, ureídas e outros derivados, acaba por se decompor nas duas reações finais de toda destruição orgânica, a saber: a produção de água e dióxido de carbono, combustão que é a apoteose de todos as reações seriais regressivas do complicado, ou vital, ao simples, ou vitalizador, como a fixação e metabolismo fundamental dessas duas substâncias básicas da organização, em moléculas e sistemas cada vez mais complexos, constituem a evolução progressiva que tem sua meta no corpo físico do homem ...

O cético senhor de nossa hipótese será, pois, respondido, só isto: o vampiro não vive da grosseira matéria química de suas vítimas, mas das torrentes de energias físicas que se desprendem do desdobre das moléculas orgânicas cada vez mais simples, nem mais nem menos como acontece, por outro lado, no ser vivo, que mantém sua tonalidade calorífica, eletromagnética ou vital, precisamente por outras reações simétricas operadas nos vasos capilares de seu organismo.

Com efeito, até nisso é deficiente nosso linguajar científico, pois que confundimos o físico com o visível, sendo que numerosas forças conhecidas da física, tais como os raios X, são invisíveis em si e, dentro das imensas planícies do conhecido "quadro serial de vibrações", de W. Crookes, há muitas outras que, além disso, por não serem apreciáveis com nossos equipamentos, ainda são perfeitamente desconhecidas para nós.

Não vamos continuar nesse terreno, porque não escrevemos para químicos nem médicos, senão para homens de boa fé, ansiosos por levantar, se possível, não mais que uma ponta do misterioso véu de Ísis ...

UM OLHAR SOBRE A FILOSOFIA ESOTÉRICA

Edilson Almeida Pedrosa

912 páginas – ISBN 978-65-5727-013-4

Sob inspiração dos mestres de sabedoria, Helena Blavatsky transmitiu ao mundo um colossal acervo de obras literárias fundamentais sobre a teosofia. Seus livros são a essência do pensamento esotérico mundial no que diz respeito ao surgimento e à evolução do Universo e da humanidade. A magnitude e complexidade de sua volumosa obra, eivada muitas vezes de vários conceitos intrincados, dificulta o acesso e a pronta compreensão do leitor que não está familiarizado com o assunto, limitando a atratividade de suas obras e afastando novos leitores. Para sanar tal dificuldade, este livro, *Um Olhar sobre a Filosofia Esotérica,* compacta, de maneira simplificada e organizada, praticamente todos os conceitos e temas importantes abordados naquela monumental obra, atualizando-os e comentando-os, de forma a colocar ao alcance de todos os leitores os mais importantes conceitos da filosofia esotérica expostos nos grandes clássicos do ocultismo.

Ainda que seja uma reflexão crítica mais generalizada daquela magna ciência, esta nova obra facilita a compreensão da estreita relação que o ocultismo mantém com os principais ramos do conhecimento humano, especialmente com as ciências da natureza, a quem a teosofia dá vida, instigando novas pesquisas. Por isso, não se limita a ser um mero resumo, na medida em que descreve também, com muita propriedade, temas atuais de alta relevância, como a questão ufológica e a participação de seres extraterrestres no desenvolvimento da humanidade; discorre e discute conhecimentos científicos importantes da atualidade, como a teoria da ressonância mórfica do biólogo Rupert Sheldrake, a teoria do *big bang* e aspectos da física quântica, além de muitas outras proposições científicas modernas, com as suas graves repercussões sobre o pensamento filosófico e religioso da humanidade. E ainda há uma rigorosa análise da simbologia das religiões e filosofias mundiais, com ênfase na visão esotérica do cristianismo e discussões sobre as suas doutrinas e mitos que são de difícil aceitação quando examinados ao pé da letra.

CONTOS ASSOMBROSOS

foi confeccionado em impressão digital, em julho de 2021

Conhecimento Editorial Ltda

(19) 3451-5440 — conhecimento@edconhecimento.com.br

Impresso em Luxcream 80g – StoraEnso